最美元和塘

——苏州市相城区元和幼儿园大班主题活动精编

楼彩虹　主编

苏州大学出版社

图书在版编目（CIP）数据

最美元和塘 ：苏州市相城区元和幼儿园大班主题活动精编 / 楼彩虹主编. -- 苏州 ：苏州大学出版社，2025. 8. -- ISBN 978-7-5672-5248-6

Ⅰ. G613

中国国家版本馆 CIP 数据核字第 20253B5N43 号

ZUI MEI YUANHETANG

——SUZHOU SHI XIANGCHENG QU YUANHE YOU'ERYUAN DABAN ZHUTI HUODONG JINGBIAN

责任编辑：万才兰　　**装帧设计**：吴　钰

出版发行：苏州大学出版社

社　　址：苏州市十梓街 1 号

邮　　编：215006

印　　刷：镇江文苑制版印刷有限责任公司

版　　次：2025 年 8 月第 1 版

印　　次：2025 年 8 月第 1 次印刷

网　　址：http://www.sudapress.com

邮　　箱：sdcbs@suda.edu.cn

开　　本：889 mm×1 194 mm　1/16

印　　张：11.75

字　　数：193 千

定　　价：48.00 元

图书若有印装错误，本社负责调换

苏州大学出版社营销部电话　0512-67481020

苏州大学出版社天猫旗舰店　https://szdxcbs.tmall.com

序 探寻幼儿教育的深度与广度

当下幼儿教育领域，课程建设与实践正在发生着深刻的变革，这一变革犹如永远追逐“理想国”的旅程，而苏州市相城区元和幼儿园在这一旅程中留下了深刻且独特的足迹。《最美元和塘——苏州市相城区元和幼儿园大班主题活动精编》这本书，恰似一扇窗户，让我们能窥见这所幼儿园在课程探索中的实践样态。

幼儿园课程园本建设的重要性不言而喻，是实现幼儿全面发展、提升保教质量的重要载体与关键路径。元和幼儿园的教师们深知这一点，他们时刻保持着教育的敏感力，始终处于有准备的状态，发现幼儿生活中有价值的资源与事件；在日常师幼互动中，展现出了极高的专业素养，能够精准地选择适宜的支持策略。他们善于观察幼儿生活中的细微点滴，从幼儿的言行举止中洞察其兴趣所在、困惑之处，进而成为有效的课程创生者，将这些生活瞬间转化为宝贵的教育契机。例如，书中所呈现的众多班本主题活动，无论是“扎染的秘密”“遇见京剧”，还是“我眼中的园林”“弘扬传统文化，体验汉服之美”等，无不是教师捕捉到幼儿对周围世界的好奇与教育价值后，精心规划并引导开展的。在这个过程中，教师不仅仅是课程实施者，更是幼儿学习旅程中的陪伴者与共生者，激发着幼儿的智慧火花和创新精神。

每一个孩子都是独一无二的，他们有着不同的认知视角和兴趣焦点，元和幼儿园的教师们深刻理解这一点，并致力于让幼儿成为最好的自己。教师们没有拘泥于既定的课程框架，而是以幼儿的兴趣和发展需要为导向，尊重生命个体差异、遵循幼儿身心发展规律，让主题活动课程在动态中不断演变推进，充分体现了幼儿园课程的生成性。同时，本书也彰显了课程的综合性与实践性。通过丰富多彩的主题活动，如“最美元和塘”“遇见《西游记》”“遇见青花”“瓶瓶罐罐总动员”等，幼儿在实践中探索，在游戏中学习，将不同领域的知识和经验有机融合；在动手操作中拓宽视野，丰富内心世界，促进了各领域知识的交融汇聚，全方位提升了综合素养。

在阅读本书的过程中，我仿佛看到了元和幼儿园的教师们在躬耕学前教育事业的道路上不断奋斗、勇于拓展的身影。他们以园本课程“木趣文化”为基石，构建了一系列富有创意和深度的班本主题活动，在课程游戏化的推进中，不断反思、完善课程，始终保持与时俱进、不断创新的精神。这是一种对幼儿教育事业的热爱与执着，更是一种对幼儿高度负责的态度。

作为一名学前教育人，我深信这本书将为广大幼儿教育工作者提供宝贵的经验和启示。它不仅展示了元和幼儿园在大班主题活动方面的成功实践，还传递了一种教育理念和方法，鼓励更多的教师关注幼儿的兴趣和需求，勇于创新课程，积极整合资源，为幼儿创造更加优质、富有活力的学习环境。希望这本书能够成为幼儿教育领域的一盏明灯，照亮更多幼儿教师前行的道路，为幼儿的美好未来奠定坚实的基础。

苏州幼儿师范高等专科学校　张　晗
2025 年 4 月 7 日

前言

在幼儿园教育的广阔舞台上，课程无疑是连接教育理念与幼儿成长的关键纽带，其核心地位不可撼动。它肩负着承载教育思想、锚定教育目标以及传递教育内容的重任，是铸就幼儿全面发展与未来无限可能的基石，其建设的深远意义不言而喻。

为切实达成全面发展教育的目标，有力推动幼儿的持续进步，幼儿园必须紧紧围绕幼儿这一核心，扎根班级这片沃土，精心雕琢契合班级特质的班本课程，从而为班本课程的蓬勃发展注入强劲动力，全方位提升幼儿园教育的品质。本书精心汇集了我园近三年开展的 22 个大班班本课程活动，它们皆为依据班级独特风貌打造的教育精品，深度契合幼儿的认知视角与立场，全方位尊重幼儿身心发展的自然节律，矢志不渝地为每一名幼儿的个性化成长保驾护航。每一个班本课程都紧密贴合班级幼儿的实际学情与心理诉求，因而具备鲜明的独特魅力与广泛的借鉴价值。

从内容维度审视，这 22 个大班班本课程活动犹如一面面镜子，清晰映照出大班幼儿的兴趣焦点与认知视野，与《3—6 岁儿童学习与发展指南》的标准高度契合，且深度融入教师的专业甄别与引导智慧。在课程故事的生动叙事中，幼儿、教师、环境以及家庭等多元主体协同互动，构建起紧密的内在逻辑架构。而从内容构成要素来看，这些课程始终以幼儿为中心，巧妙借助集体活动、游戏互动以及社交往来等多元形式，全力培育幼儿的综合素养与社会文化适应潜能。

读者在品鉴本书的班本课程活动时，可以深刻领略班本课程的多元特性。其综合性体现在对幼儿综合能力的全方位雕琢，从拓宽视野、丰富内心世界，到促进各领域知识的交融汇聚，进而激发创造性思维与创新精神；实践性彰显于所有主题皆源自真实的教育实践场景，并以丰富多样的活动形式得到落地生根；生成性则意味着课程在班级文化的滋养下，紧密依循幼儿的成长轨迹与动态需求，持续演变进化；生命性则聚焦于尊重班级与幼儿个体的独特性差异，生动展现出每个幼儿生命的灵动光辉、情感张力与深刻意义。尤为值得一提的是，每个活动末尾的课程展示环节，恰似一扇窗，生动呈现出综合性、实践性、生成性与生命性的和谐交融与精彩绽放。

展望未来，衷心期许我园教师在班本课程的探索之路上持之以恒、奋勇深耕，不断丰盈自身的专业素养与教育智慧，同时亦期盼我园在园本课程的构建征程中坚毅前行、勇创辉煌，为幼儿教育事业的璀璨华章添上浓墨重彩的一笔。

苏州市相城区元和幼儿园园长　楼彩虹

2024 年 7 月 2 日

目录

目 录

最美元和塘

钱怡静　居晓婷

一、活动缘起

（一）幼儿兴趣的激发

元和幼儿园开设了一个展览馆，展览馆陆续呈现了“苏州”“海洋”“金工”等主题展览，幼儿进入展览馆后忍不住发出惊叹：“哇！苏式窗户好漂亮啊”“我也想用金工制作机器人”“没想到海洋里有这么多美丽的生物”“要是我们也能办个展览就好了”……

幼儿参观展览馆

（二）活动主题的产生

元和幼儿园位于元和塘边，幼儿家长平时会带着幼儿去附近散步，教师总能在幼儿的谈话中听到与元和塘有关的话题：“我昨天晚上和奶奶一起去‘小外滩’跳广场舞啦，就在元和塘边的空地上。”“我从卧虹桥上看到了元和塘，还看到了船。”……基于对元和塘的熟悉程度和喜爱，幼儿确定了展览主题——“最美元和塘”。

幼儿参观元和塘

二、活动审议

元和塘作为幼儿园的周边资源，为幼儿所熟悉，教师通过多方调查收集到了很多关于元和塘的资料，并从幼儿已有经验和可获得的新经验两方面进行整理，绘制成了表 1。

表 1　基于幼儿经验的元和塘相关资料

领域	目标	幼儿的已有经验	幼儿可获得的新经验
社会领域	社会适应： 1. 爱护身边环境，注意节约资源； 2. 能感受到家乡的发展变化并为此感到高兴	1. 知道经常散步的塔影桥下就是元和塘； 2. 参观过元和塘附近的苏州御窑金砖博物馆、苏州元和塘文化产业园区、元和塘美术馆等； 3. 有和元和塘亲密接触的机会：会和爸爸妈妈去附近散步，园部会组织活力岛徒步活动，等等； 4. 幼儿家人以前或现在沿元和塘而居，对以前的元和塘有一定的了解； 5. 个别幼儿与家人在元和塘钓过鱼，用虾笼笼过虾； 6. 见过元和塘上的船只往来	1. 知道元和塘是连接苏州市区、相城区及常熟市等节点的主要水运干线； 2. 了解与元和塘有关的名人事迹，探究元和塘的历史文化底蕴及现今情况
科学领域	科学探究： 1. 能察觉到动植物的外形特征、习性及其与生存环境的适应关系； 2. 初步了解人们的生活与自然环境之间的密切关系，知道尊重和珍惜生命，保护环境		1. 了解常见的淡水里的动植物，体验探索水秘密的乐趣； 2. 知道保护水资源，懂得水对动植物的重要意义
艺术领域	表现与创造： 能用多种工具、材料或不同的表现手法表达自己的感受和想象		1. 通过观察图片、实物、视频等多种方式了解船的基本结构，尝试用创造性的方式表现自己喜欢的船只； 2. 尝试用绘画、手工制作、建构、利用沙盘桌等多种方式表现眼中的元和塘
语言领域	倾听与表达： 能有序、连贯、清楚地讲述一件事情		愿意在集体面前大胆分享自己所了解的元和塘，讲述清晰、完整

为了在立足幼儿已有经验的基础上使幼儿增长新经验，教师开展了班本活动“最美元和塘”。在活动审议中，教师采取教师预设与幼儿生成相结合的方式，最终将班本活动分为三个微主题：“元和塘的古往今来”“元和塘之水”“玩转元和塘”，并生成了主题网络图（一）。

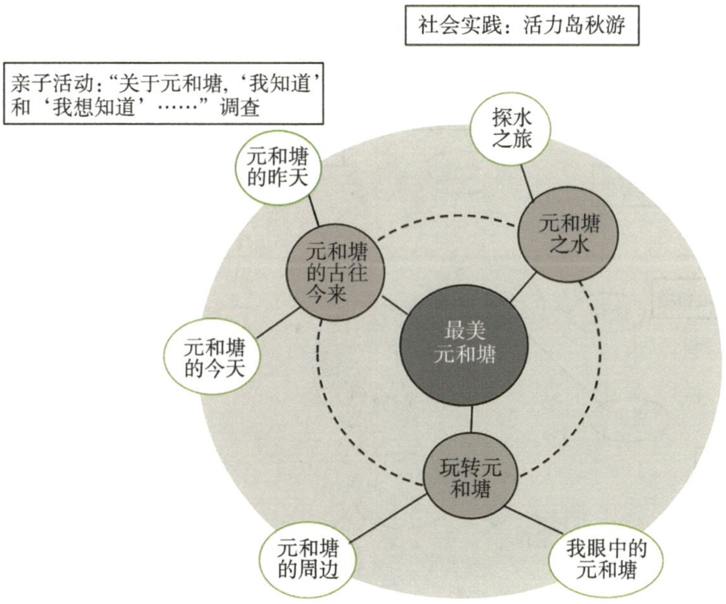

主题网络图（一）

随着主题活动的开展，幼儿对元和塘的历史充满了兴趣，也发现了水的秘密，如倒影等，还知道水与人们的生活息息相关。此外，教师和幼儿发现元和塘可供开发的资源还有很多，如桥、船、陆慕蟋蟀盆、缂丝等。于是，教师对资源进行了梳理和补充，生成了主题网络图（二）。

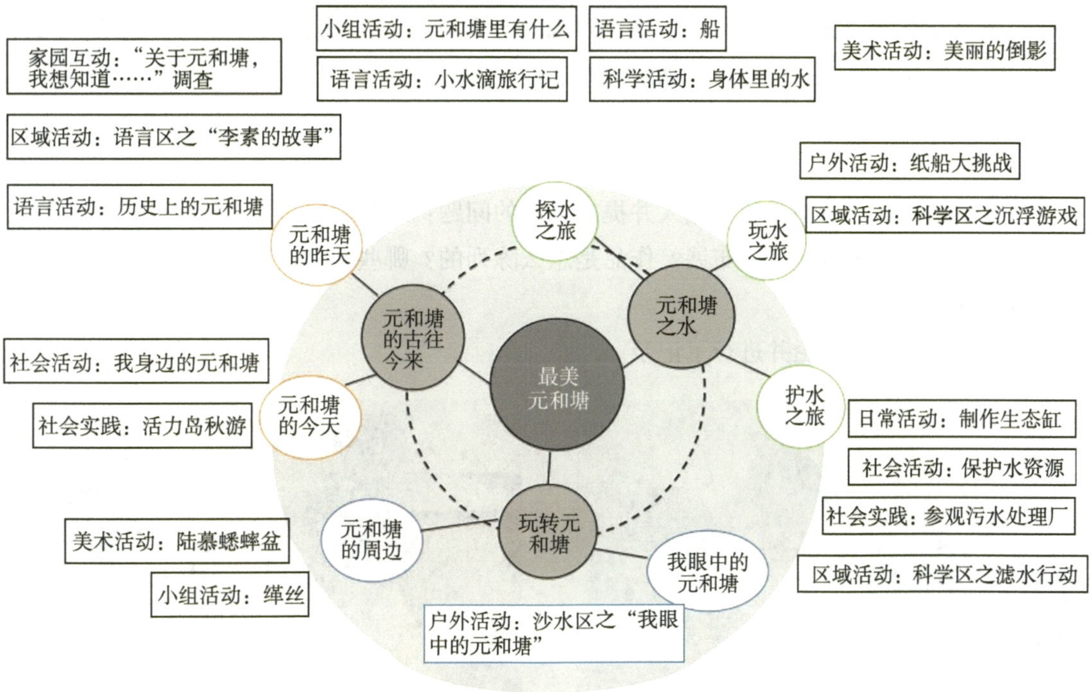

主题网络图（二）

其后，为了进一步符合大班幼儿的年龄特点和发展需要，教师从发现、观察、探究、表征四个维度继续丰富形成主题网络图（三），帮助幼儿在实践中获得与水相关的新经验，进一步了解元和塘的古往今来及文化底蕴，从而对周边的资源更加感兴趣。

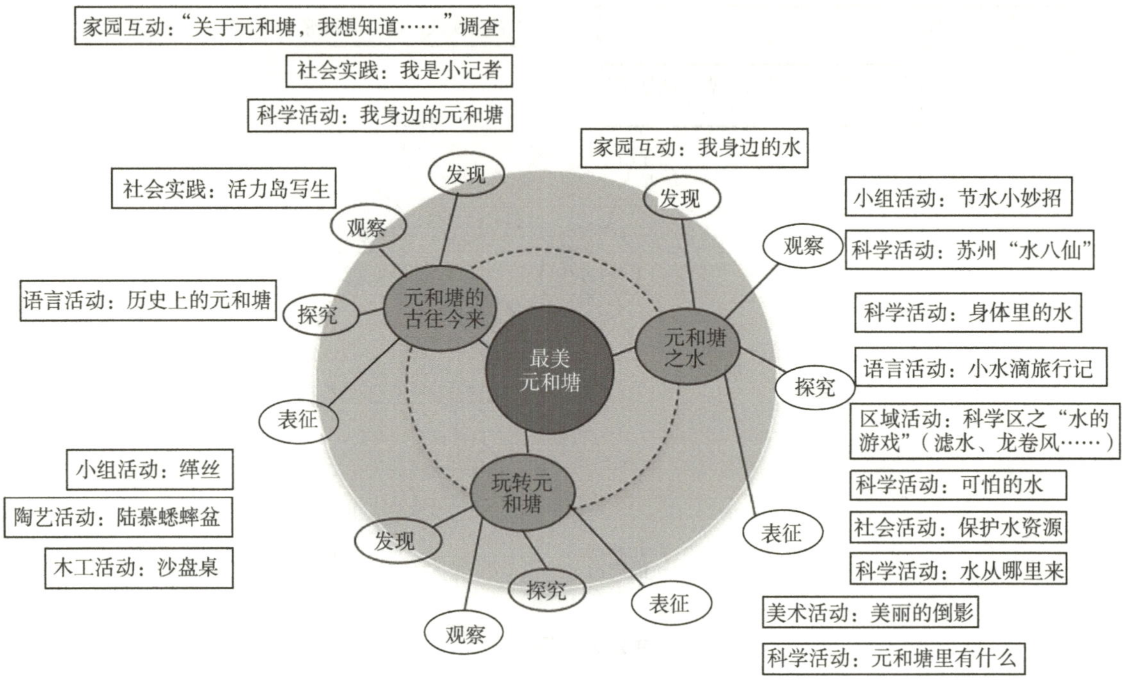

主题网络图（三）

三、活动开展

主题是展览的灵魂，主题一旦确定，活动准备、作品收集、布展、观展等都将围绕其展开。教师、幼儿和家长一起开启了“最美元和塘”之旅。

（一）活动准备

围绕展览主题，教师请幼儿做小主人并提出自己的问题：“最美元和塘”展览可以展出什么？作品用什么方式制作？什么时候可以布展？作品是怎么陈列的？哪些地方可以布展……

1. 自主探究

带着问题，幼儿开始讨论并进行了记录。

幼儿讨论并记录

（1）馆内展什么

幼儿觉得可以将制作好的与元和塘有关的沙盘桌、桥、船、蟋蟀盆、“水八仙”等作品展示出来，也可以再展示一些元和塘相关书籍和标志性建筑（如元和塘美术馆、苏州市第二工人文化宫等）模型，以及“水的秘密”书画作品等。

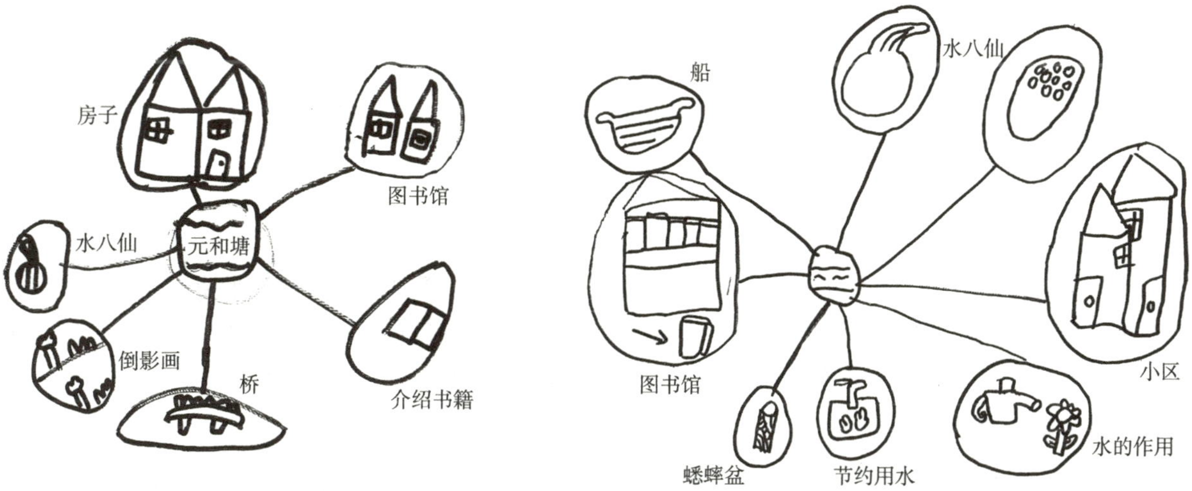

幼儿表征

（2）馆内怎么展

幼儿通过实地勘察，发现可以展示的地方有展示柜、小方柜、墙面、天花板，并进行了记录。

实地勘察并记录

2. 深度学习

（1）自我回顾

幼儿讨论后，教师问幼儿：“参观过不同主题的展览后，你们觉得它们有哪些地方可供我们学习？”

月月：作品很精致，种类很丰富。

小一：作品是分类摆放的，很整齐。

老师：还有其他可供学习的地方吗？

幼儿纷纷表示可以问问其他班级的幼儿和教师。

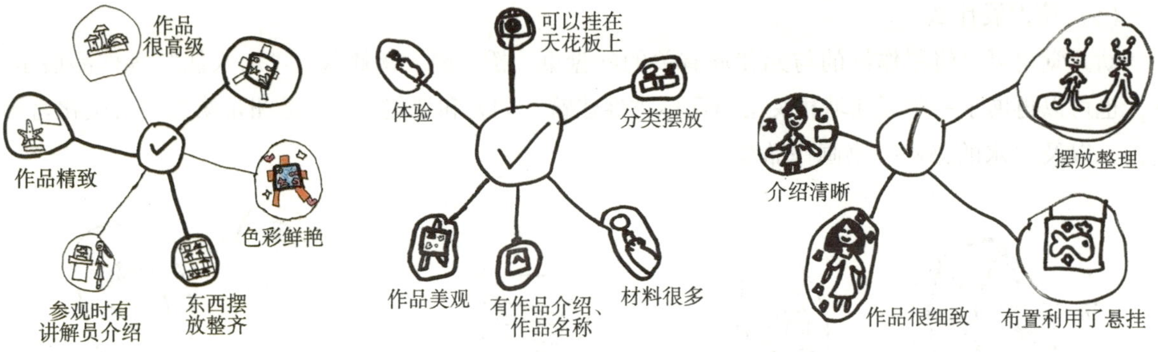

幼儿表征

（2）多方学习

为了准备得更充分，幼儿询问了其他班级的教师和幼儿。通过交流，他们收获了很多新经验：展示柜中的作品大小要适宜，太大不利于摆放，太小不美观；可以适当悬挂一些作品进行装饰；布展一定要有计划，要结合区域确定好要展示的内容，然后分批摆放；悬挂的作品要轻一些；展示的作品要有清晰的介绍；等等。

询问其他班级的教师和幼儿

记录询问结果

（3）参观展览

在经验累积的基础上，教师问幼儿："展览馆还可以有哪些创新？"幼儿结合自己的参展经验，提出了一些独特想法。

尘尘：我之前参观了汽车展，我可以到车里体验，所以开设展览要增强体验感。

希希：我去的展览馆展示的都是有代表性的东西，所以在布展的时候要进行筛选。

墨墨：展览馆里要有可以吸引人的游戏进行互动。

小宇：展览馆里要有讲解，如图片讲解或者平板介绍等，我们可以在展览馆展示一些我们学习到的知识介绍。

婉婉：房子模型边上可以摆放一些制作过程图。

分享参展感受

（二）作品收集

1. 以教学活动为桥梁

幼儿园教学活动是幼儿园教育活动的一种重要形式，是教师计划、设计和组织的专门活动。基于幼儿对水的兴趣，教师开展了一系列与水相关的活动，如美术活动“水中倒影”，让幼儿感受水中倒影的对称美，尝试用对印的方法表现出水中倒影，体验对印创作的乐趣。

参与美术活动“水中倒影”

2. 与区域、专室活动联动

区域活动与集体教学活动是两种不同的活动形式，只有将二者有效结合，才能实现教育的最佳效果。幼儿在区域游戏中进行了更丰富的实践探索。

在美工区，幼儿尝试画元和塘附近的文化场馆，如苏州市第二工人文化宫、苏州第二图书馆、苏州御窑金砖博物馆、苏州元和塘文化产业园区等。

画苏州市第二工人文化宫　　画苏州元和塘文化产业园园区

在科学区，幼儿在“吹泡泡”游戏中，探索了不同的吹泡泡工具和泡泡水制作配比等。

制作吹泡泡工具　　吹泡泡

幼儿园专室活动既有别于以教师预设为主的集体活动，又不同于空间相对狭小的区域活动，它强调人与环境、材料相互作用下多元经验的积累。为此，教师还结合幼儿园特色开展了金、木、水、火、土“五星”活动。

为了让幼儿了解江苏省非遗——陆慕蟋蟀盆制作技艺，教师在土星坊开展了陶艺活动“制作蟋蟀盆”。

制作蟋蟀盆

在木星坊，开展了亲子活动，制作了桥和船模型。

开展亲子木工活动

在水星坊，幼儿合作制作了沙盘桌。

制作沙盘桌

在金星坊，幼儿制作了掐丝作品《水滴》。

制作掐丝作品

3. 贯穿一日生活

幼儿在生活中感受到了水的重要性，也体会到了保护水资源的必要性。在一日生活中，他们利用空闲时间创作了“水的作用”“保护水资源”宣传画，还折了很多纸船，画了很多古代文人画像……

创作“水的作用”宣传画

创作“保护水资源”宣传画

整理造景石

折纸船

制作展板

（三）布展

1. 作品内容与场地特点相结合

《3—6岁儿童学习与发展指南》建议：“展示幼儿的作品，鼓励幼儿用自己的作品或艺术品布置环境。”对幼儿来说，将自己创作的作品布置在展览馆是一件万分自豪的事，他们对布展活动充满了好奇和期待。在布展过程中，教师以幼儿为主体，引导幼儿结合展览馆的场地特点和展示内容等对作品进行摆放、悬挂和展示，并选择最佳方式进行呈现。

在这一过程中，幼儿学会了思考作品展示的位置及合理性，大大提升了问题解决能力，也从中感受到了自豪感与成就感。

布展

2. 从单向传输到双向互动

如何让参观者“融入”展馆？幼儿结合以往参观各地博物馆的经验，提出可以增设展览现场的相关介绍、现场实操等内容；可以通过电子产品呈现对元和塘或者水资源的介绍，通过点击或扫码收听、观看；还可以在场馆一角布置多样的“水的游戏”，创设“和我一起玩一玩”等互动内容，如吹泡泡、制作漆扇等，创设有趣的互动现场。

向同伴介绍游戏

进行互动游戏

这些新的尝试可以让“参观者”与场馆互动，避免了单向知识的传输，并且更加关注幼儿审美、表达和创造能力的培养。

（四）观展

为开设展览准备很久后，观展是幼儿最期待的事了，那如何让更多人来参观，并让他们爱上自己布置的主题展览呢？教师把问题抛给了幼儿，让幼儿自己去尝试解决。幼儿结合木工策展的经验，决定通过制作并分发邀请函的方式将展览宣传出去。

制作邀请函

邀请函展示

向老师发出邀请

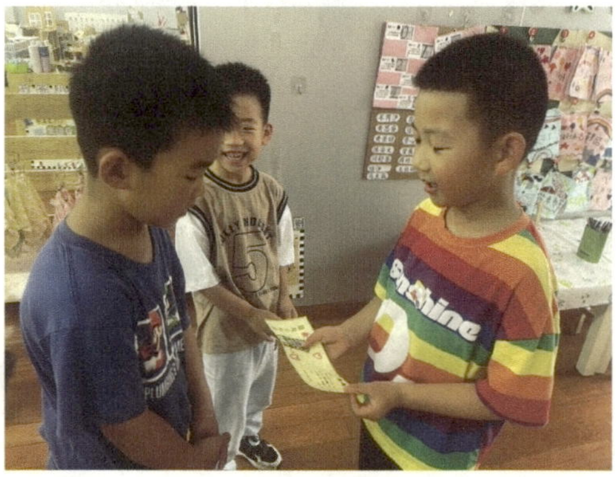

向同学发出邀请

除了分发邀请函外，还有现场讲解与互动。

现场讲解

现场互动

悦陶童心，稚趣无限

沈筠妍　李方圆

一、活动缘起

大五班幼儿一起参观了苏州御窑金砖博物馆，感受到了金砖的珍贵及其多种功能。这次的博物馆之行，不仅是一场文化之旅，还是幼儿成长的助推器，在他们心中种下了探索的种子。改造后的土星坊也有一个陶泥博物馆，一天，幼儿在参观完陶泥博物馆后，开展了一次有趣的对话：

"好想把我们的作品也展示在博物馆里呀。"

"可是这里已经满了，放不下了。"

"要不我们在班级里也做一个陶泥博物馆吧。"

"可以做在班级的哪里呢？"

"可以放在美工区呀，里面有很多陶泥工具，还有我们之前做手印和杯子的故事展示呢。"

"美工区也太小了吧，有没有大一点的地方呢？"

"我记得大一班小朋友在成长廊做了一个关于苏州的展览，我们是不是也可以在那里做一个陶泥展览呢？"

"这个主意真不错，那里那么大，肯定够放我们的作品了，可是那里能让我们做展览吗？"

"要不我们去问问老师吧。"

带着做展览的畅想与热情，幼儿去询问了大一班教师能否利用大一班办展览的地方来布展。得到肯定的回答后，幼儿又仔细询问了大一班的展览什么时候结束，布展时可以使用哪些柜子、墙面，以及哪些是需要他们准备的，并一一记录了下来。

询问大一班教师

询问大一班幼儿

《幼儿园教育指导纲要（试行）》指出，教师要善于发现幼儿感兴趣的事物、游戏和偶发事件中所隐含的教育价值，把握时机，积极引导，成为幼儿学习活动的支持者、合作者、引导者，尊重幼儿的想法，支持幼儿用不同的方式去表达，倾听幼儿的心声。

二、活动开展

（一）活动经验挖掘

教师开展了班本活动“陶乐融融”。随着主题活动的开展（表2），幼儿对陶泥更加感兴趣了，了解了陶泥塑形的技巧，如泥条盘筑、泥片成型等，还掌握了揉泥、上釉的技巧等。

表2 “陶乐融融”主题活动一览表

活动顺序	活动名称	领域	集体活动	区域活动	日常活动	亲子活动
活动1	各种各样的杯子	社会				
活动2	泥娃娃	音乐				
活动3	其有“瓷”理	语言				
活动4	我喜欢的杯子				①	
活动5	陶瓷杯子	美术				
活动6	杯子大设计					①
活动7	杯子			美工区		
活动8	花盆			木星坊		
活动9	杯子（一）：泥片成型杯子			土星坊		
活动10	桃酥			火星坊		
活动11	古老的泥条盘筑	社会				
活动12	博物馆奇案	科学				
活动13	分特产	数学				
活动14	杯子（二）：泥条成型杯子			土星坊		
活动15	走进华元社区	综合				
活动16	线锯的使用（一）			木星坊		
活动17	青花瓷盘	美术				
活动18	画青花	美术				
活动19	多变的青花纹样	美术				
活动20	孙悟空打妖怪	数学				
活动21	青青白白的欢喜	语言				
活动22	绘画青花瓷盘			美工区		
活动23	拼贴青花瓷			美工区		
活动24	青花瓷串珠			生活区		
活动25	青花晕染			科学区		
活动26	修复青花瓷			益智区		
活动27	杯子（三）：手捏成型杯子			土星坊		
活动28	杯子（四）：拉坯成型杯子			土星坊		

续表

活动顺序	活动名称	领域	集体活动	区域活动	日常活动	亲子活动
活动 29	御窑金砖的秘密	语言				
活动 30	勺子			土星坊		
活动 31	参观苏州御窑金砖博物馆				②	
活动 32	博物馆参观大调查					②
活动 33	等分杂粮饼	数学				
活动 34	秋天的颜色	语言				
活动 35	杯子（五）：素坯彩绘杯子			土星坊		
活动 36	蛤蟆爷爷的秘诀	语言				
活动 37	线锯的使用（二）			木星坊		
活动 38	修坯喷釉			土星坊		
活动 39	走进活力岛（秋游）	综合				
活动 40	参观博物馆					③
活动 41	漂亮的印章	美术				
活动 42	碎泥再利用			科学区		
活动 43	擦镜子	音乐				
活动 44	名牌设计师	美术				
活动 45	分水果	数学				
活动 46	陶和瓷	科学				
活动 47	印章（一）			土星坊		
活动 48	印章（二）			土星坊		
活动 49	镜子里的世界			科学区		
活动 50	阿兔的小瓷碗	语言				
活动 51	漂亮的杯垫	美术				
活动 52	窑	社会				
活动 53	农民伯伯运粮忙	数学				
活动 54	揉泥	健康				
活动 55	参观幼儿园的窑				③	
活动 56	钥匙扣			木星坊		
活动 57	肌理杯垫			土星坊		
活动 58	姓名牌			土星坊		
活动 59	钟			土星坊		

注：表中序号①②③表示活动的数量。后同。

（二）布展

1. 布展的前期准备

确定好了布展的日期与地点后，幼儿针对展览展什么、怎么布展，开展了一次又一次的讨论。

（1）展什么

在讨论的最开始，幼儿都说要展示自己的作品，但除了作品外还要展示什么呢？幼儿积极思考，结合自己前期参观展览、在土星坊里游戏的经验纷纷提出了自己的想法：

讨论展览馆里展什么

“可以像御窑金砖博物馆一样展示一些古代的陶泥作品。”

“可以像大一班一样在墙上贴一些东西，比如陶泥的历史。”

“我想展示一些青花瓷，青花瓷可太漂亮了。”

“还可以把我们之前和老师一起学到的一些制作的小技巧也展示上去，这样别人看到了就知道怎么做了。”

“我同意蓝蓝的想法，我也想展示泥条成型、泥片成型、手捏成型的方法。”

“那还有不同颜色的釉呢，我们是不是也可以展示呢？”

“那这不就和土星坊一样了吗？”

“我们要做的和土星坊不一样，一样的话就没有意思了。”

“土星坊里有电窑，我们是不是可以展示更多的窑给小朋友看？”

“我想展示一些代表我们班级的独一无二的作品。”

“可以展示我们的手印。”

“我想在展览馆里放勺子和杯子。”

幼儿的想法天马行空，为了更好地整理、选择既不和土星坊重复又适合展示的内容，他们把自己的想法记录了下来，并在班级里进行投票、统计，最终决定在展览中展示青花瓷、陶泥文化小知识、不同时代的陶泥作品、陶泥作品的制作过程和制作方法、幼儿独一无二的陶泥作品。

（2）展览叫什么

在第一次的讨论后，幼儿再次参观了大一班的展览来丰富自己的经验与想法，这次他们发现展览场所门口展示了展览的名称，于是又开展了第二次讨论：

讨论展览叫什么

“我们的展览可以叫什么好听的名字呢？”

“可以叫‘陶泥展览’。”

“可以叫‘陶瓷展览’。”

“可以叫‘陶泥作品展览’。”

“可以叫‘陶瓷历史展览’。”

“可以叫‘瓷器展览’。”

“瓷的作品叫瓷器，那陶的作品也可以叫陶器呀。”

“陶器的‘陶’怎么听起来像淘气包的‘淘’啊，真有趣。”

“要不我们的展览就叫‘陶瓷陶器展览’吧。”

幼儿讨论后，教师充分尊重他们的想法，并和他们一起对原有的想法进行了完善，决定展览名为“‘陶里陶气’展览”。

（3）怎么展

确定好了展什么、展览名称后，幼儿针对怎么展又开展了第三次讨论：

“我们的展览区域分为走廊、中庭、墙面区和展廊区，每个区域我们可以怎么展呢?”

“墙面区没法放作品，但是可以展示一些我们的标识和照片。”

“我们可以在展廊区展示我们的作品。”

“每一个都放作品也太乱了吧，我们需要再整理一下我们要展览的东西，给它们分分类。”

“对的，可以像苏州博物馆一样，分为好几个不同的展览馆。”

讨论怎么展

于是，幼儿将展览馆分为了历史馆、文化馆、工序馆、手作馆和青花馆，并对里面的展品进行了细化设想。

在幼儿会议中，教师创设了宽松、自由的氛围，鼓励幼儿大胆表达自己的想法。通过分享，在思想的碰撞下，幼儿互相学习。原来每个人的想法都别具一格，陶泥展览的策划想法独特又具新意。通过讨论和梳理，幼儿的展览经验有所提升，于是开始筹备策展活动。

2. 布展的中期准备

（1）文化学习

为了使展览内容更加丰富，幼儿和教师一起围绕“陶乐融融”主题开展了班本活动。在活动的开展中，幼儿了解了陶和瓷的历史，感受了不同的窑烧制的作品的区别，以及各种窑变的美丽；在观察实践中认识了喷釉的材料，以及荡釉、喷釉的方法；体验了将青花料与不同溶液混合，感受了青花料在不同材质上的变化，知道了青花瓷盘具有中心花纹和盘边花纹的装饰特点。

学习上釉

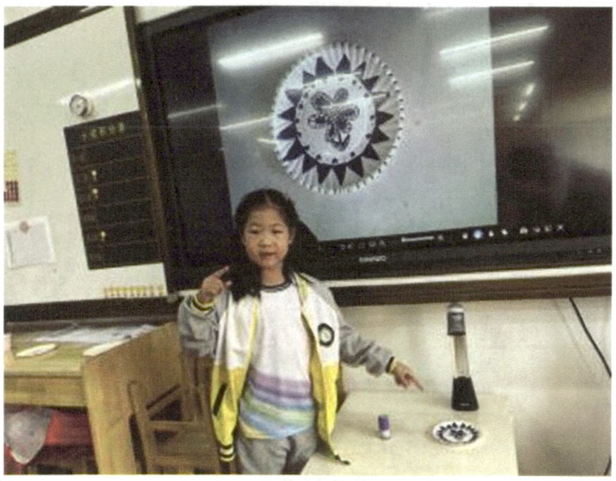

展示自制青花图案

（2）展品制作

在进行完文化学习后，幼儿开始在土星坊大展拳脚啦。

借助拉坯机制作花瓶

制作美丽的青花作品

制作姓名牌

制作时钟

制作“福”字牌

（3）制作邀请函

幼儿还制作了邀请函。

设计邀请函封面

装饰邀请函

设计不同的邀请函

(4) 设计场地布局

马上就要布展了，幼儿再次踏入展览场地，这次他们带着笔和纸将展览馆的布局记录了下来。

考察展览场地

回到班级后，幼儿根据展品的大小与数量给展览场地做了分区。他们提出墙面可以展“陶器是怎么来的”和“不同形状的陶器”。还可以放一些有关窑的知识介绍，展示不同的陶艺技巧，如泥片成型、泥条成型、手捏成型、拉坯成型等。展览馆里有一台电视机，幼儿提出可以放一些他们的陶艺照片等。

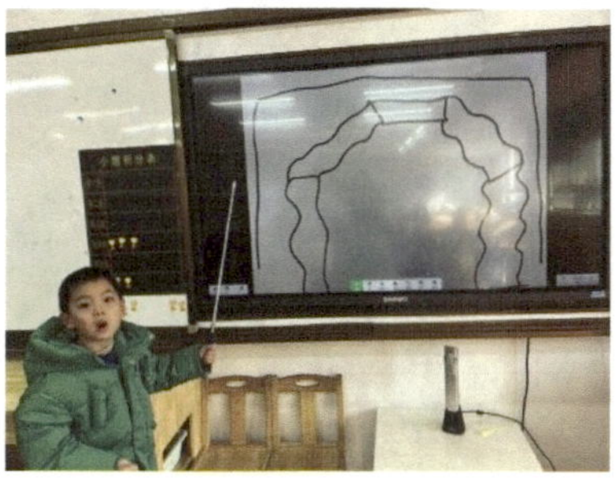

讨论展台上放什么

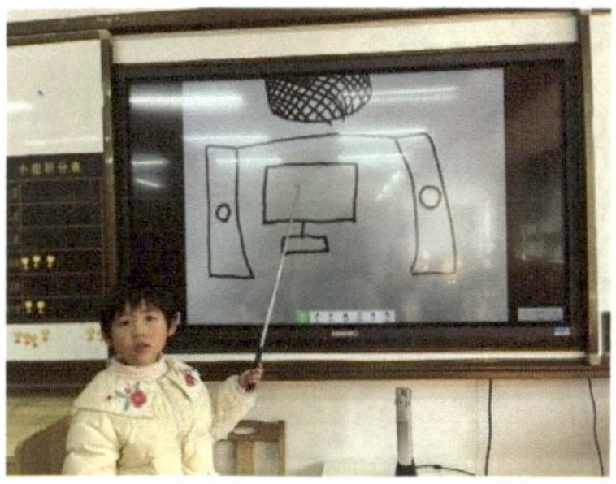

讨论电视机里放什么

《3—6岁儿童学习与发展指南》建议：在保证安全的情况下，支持幼儿按自己的想法做事；或提供必要的条件，帮助他们实现自己的想法。在布展前先画设计图，可以帮助幼儿更合理地规划展览馆场地，并在布展时更有计划性和目的性。在此次活动中，教师始终以幼儿为主体，让幼儿自己尝试解决问题并获得相应的发展。

3. 布展大行动

幼儿分工合作，根据设计图布展。

(1) 小组人员分工

“为了展览的顺利开展，我们需要做些什么呢？”

“需要把邀请函送给小朋友、老师、爸爸妈妈，并向他们介绍我们的展览，让大家都愿意来。”

“那还应该有讲解员吧。”

“还需要布置装扮我们的展览馆呢。”

“我觉得还需要一个维持秩序的‘小警察’，不然我们的作品被别人弄坏了怎么办？”

就这样，幼儿你一言我一语地确定了办展览需要

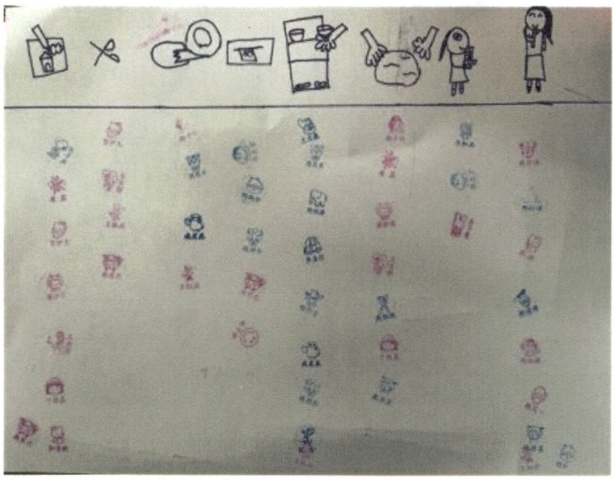

幼儿分工图

的工作人员，并在班级举行了一个小小的讲解员竞选活动，确定了每个人的分工。

（2）布置展览场地

幼儿一起布置“陶里陶气”展览馆。

制作展板

将作品布置在展览馆

（3）发放邀请函

幼儿向园长和其他班级的幼儿发出了邀请。

邀请园长

邀请其他班级幼儿

在整个布展活动中，幼儿积极主动，努力完成理想中的展览馆布置，从个人创新构思到集体分工合作，不仅激发了主人翁意识，提高了自主性，还通过实际操作积累了各个领域的学习经验。

4. 展览进行中

展览拉开了序幕。

幼儿讲解员进行讲解

幼儿、教师、家长认真倾听讲解

幼儿欣赏展品

幼儿欣赏陶艺作品

5. 活动评价

（1）幼儿有话说

中六班沫沫说：“我参观了‘陶里陶气’展览馆，里面的小羊杯子最吸引我了，上面还有小果子呢，特别可爱。哥哥姐姐说这是用泥球成型做的，杯子上小羊的羊毛就好像真正小羊身上的一样，很逼真。”

幼儿自评

大五班一一说：“我们的‘陶里陶气’展览成功举办了，我负责的是制作陶艺作品和展板，以前我做陶艺作品的时候总是会有小裂缝，这次我为展览馆制作陶艺作品，会用小手把裂缝一点点抹平，这样陶器就更加精致了，我觉得我的小手越来越灵巧了。”

（2）家长有话说

家长评价

幼儿家长第一次参加幼儿的展览活动，都感到非常新奇，对幼儿的动手能力、创造能力、团队合作能力有非常高的评价。

（3）教师有话说

在策展活动中，幼儿动用各种感官，并在参与和体验中培养了良好的学习态度和品质，为以后的学习和终身发展奠定了良好的素质基础。策划“陶里陶气”展览是将民族艺术与幼儿兴趣有效结合的结果。在活动中，幼儿主动探索、发现问题，最后圆满地解决了问题。幼儿的社交能力、探究能力、艺术表现能力在这一活动中都得到了提升。

三、经验分享

陶行知先生指出：千教万教，教人求真，千学万学，学做真人。这一理论道出了教育的本质意义。培养“真人”是陶行知的办学目标。“真人”的培养离不开“真环境”“真材料”“真活动”，而策展活动就是在创设一个时刻迎接幼儿投身其中开展探究的环境。展览馆的每一项内容均是幼儿观察、发现、制作和记录的成果。在整个活动过程中，教师始终以幼儿为主导，作为支持者，给予幼儿支持与鼓励，紧紧抓住幼儿对陶泥的兴趣和探知欲望，跟随他们的想法一步步将计划推进变成现实，成功举办了一场属于幼儿的展览。

我们一起办个“金星”展

陆恺迪　朱玉茗　周　赢

区域活动是幼儿嬉戏打闹的“主场域”，展览作品是幼儿深入探索的“脚手架”。拥有布展“决策权”的幼儿会迸发出怎样的思想火花？布展和创意的相遇会凸显怎样的魅力？让我们一起走近大四班幼儿的“金星”系列活动吧。

一、活动缘起

幼儿以饱满的热情在金星坊尝试、体验，完成了一件件精美的“金星”作品，随之也面临着如何收纳、整理这些作品的问题，并以此为基础展开了激烈的讨论。

思哲：我们可以买一个大箱子，把所有的作品都放进去，这样就整整齐齐了。

提出作品摆放要整齐

贝贝：可是这样就看不见了，我们可以弄一个透明的盒子，这样既能看见，也能整理。

修齐：我觉得摆出来更好看，我想经常看见自己的作品，我还想让其他小朋友也看见。

林新：没有能摆在外面的整理方法吗？

峰峰：我们可以把作品布置在三楼展览廊，这样就可以全部展出来了。

听了幼儿的激烈讨论后，教师意识到幼儿已经形成了归纳整理的意识，达成了“要把所有的金属作品展出”的共识，但存在“如何展出”“怎样展出”问题，这些需要在之后的探索中进一步得到解决。

分享作品如何展出

提出将作品布置在展览廊

二、活动开展

（一）活动启动

布展是一项高雅的艺术，是“创意”和“智慧”的交织，是“感性”和“理性”的重逢。幼儿以金星坊的布展设计为话题，展开了激烈的讨论。

布丁：什么是展览呢？应该怎么样布展呢？我都不知道。

圈圈：布展就是设计，可以用气球和彩带装饰。

蜜蜜：我去看过绘画的展览，会摆放各种各样的画，让来的人都能看见。所以，我们要摆放各种工艺品。

泽泽：那我们是不是还需要设计一个架子，然后把所有的作品都摆上去？

幼儿表征：什么是展览

幼儿表征：布展设计

幼儿表征：摆放各种工艺品

幼儿表征：设计布展架子

《幼儿园保育教育质量评估指南》指出，要“善于发现各种偶发的教育契机，能抓住活动中幼儿感兴趣或有意义的问题和情境，能识别幼儿以新的方式主动学习，及时给予有效支持”。以此为理论支撑，追随幼儿的“布展”兴趣，一场“金星”展览活动正式拉开了帷幕。

（二）活动推进

1. 办什么样的“金星”展览

在“‘金星’展览馆布展”的任务引领下，幼儿周末去了本地的博物馆、科技馆参观，并积极分享了自己的观展经验。糖果说：“我在科技馆看见了很多工具，还有无人机，都是分开放置的。”蜜蜜也参与说：“我在博物馆看到了挂在墙上的铁丝工艺品，特别漂亮。”随着讨论的深入推进，幼儿逐步意识到“布展是按功能、类型、材料进行分类的”，但依然存在不知如何布展的困惑。以此为切入点，教师和幼儿一起对“金星”展览馆进行了区域划分，设计为铁丝区、锡纸区、掐丝珐琅区、科技区，随之也产生了“怎样精细布展”的问题。

参观博物馆

参观科技馆

参观艺术展

牛牛：我想在铁丝区展示我们做的花和蝴蝶，我觉得我们做得非常好，可以让其他小朋友都来看一看。

薇薇：我最喜欢月亮和星星，我希望用铁丝做月亮和星星的造型。

小鱼儿：我想做一个大大的格子柜子，里面可以摆放所有的东西，看起来整整齐齐的。

可豪：我还想制作一个展览的说明书，这样就能让其他小朋友都知道了。

倾听幼儿的对话，教师领略到了幼儿天马行空的想象力，也意识到幼儿已经具备了布展需要作品和展览柜的经验，具备了持续探索的知识基础。

2. 需要做什么准备

幼儿都是想法丰富的“小小设计师”，急切地希望自己的想法能够落地生根，但还是为“应该先干什么”所困惑。《3—6 岁儿童学习与发展指南》明确指出，教师作为幼儿活动的观察者、支持者、参与者，可通过材料投放和高水平的提问无痕参与幼儿游戏，为幼儿“真”探索保驾护航。教师直接引导说：“我们可以把想做的事情都画下来，然后再排序，这样就一目了然了。”幼儿以绘画表征作品为载体，以布展所需的材料为话题召开了讨论会议。

召开讨论会议

3. 如何分工合作布展

同伴是幼儿成长路上的同行者，合作是幼儿持续探究的支撑点。幼儿自觉地组成了铁丝区布展小组、锡纸区布展小组、掐丝珐琅区布展小组、科技区布展小组，并积极投入布展作品的准备环节。

① 铁丝区布展小组：

制作花朵

制作蝴蝶

② 锡纸区布展小组：

画光影锡纸城堡

画锡纸机器人

③ 掐丝珐琅区布展小组：

滴胶

点蓝

④ 科技区布展小组：

制作会动的机器人

（三）活动成果

1. 如何让别人知道“金星”展览馆营业了

在幼儿的共同努力下，“金星”展览馆正式成立了。乐乐说：“我们做得太漂亮了，就像外面的科技馆一样，可以邀请其他小朋友来参观。”乐乐的话音刚落，幼儿就以“如何吸引小朋友参观”为话题展开了激烈讨论。

惠惠：我们可以制作“金星”展览馆的海报，告诉大家展览馆正式开展了。

思思：我们可以制作小传单，写明“金星”展览馆的位置，直接到其他班教室分发。

齐齐：我们可以拿着大喇叭在操场喊，这样更多的人就知道了。

麟麟：我们可以发宣传单，把“金星”展览馆开展的消息告知其他班的小朋友。

锐锐：我们可以早早来到幼儿园，和保安叔叔站在一起宣传，每进来一个小朋友，就告诉他我们的“金星”展览馆营业了，可以直接带他们去参观。

意见不一，大家便通过投票的方法，少数服从多数，最终选定制作宣传海报的宣传方式，并积极投入开展宣传准备中。

介绍宣传方式

集体投票

投票表征记录

2. 还需要准备什么

幼儿欣赏了各种各样的宣传海报，知道了广告海报应该有图片、文字、彩色涂鸦等内容，并分工制作。乐乐负责图片的收集，拍了很多“金星”展览馆的照片，并说：“我们把地址也贴在上面吧，这样小朋友就能看着地图找到我们的‘金星’展览馆了。”宗泽负责宣传展板的制作，使用平板电脑，搜集其他展览馆的宣传展板图片，寻找灵感。可豪负责文字的编写，向老师请教了“‘金星’展览馆”的写法并确认了这些字在广告海报上的位置。布丁和她的朋友负责彩色涂鸦，最后一起把涂鸦作品挂在了幼儿园的展览区域，吸引了更多的小朋友来参观。

讨论如何制作展板

画一画展板内容

制作展板

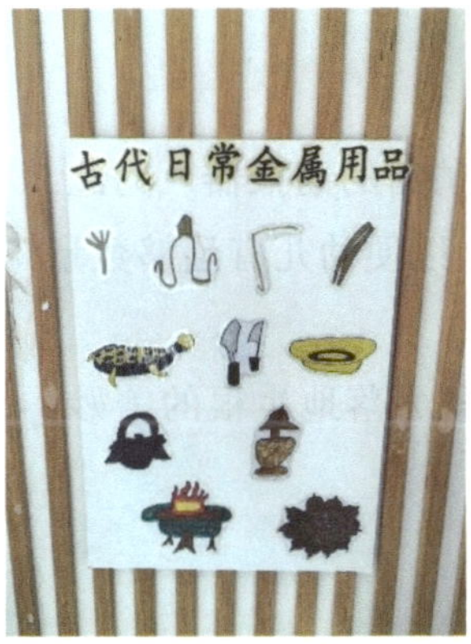

展板：古代日常金属用品

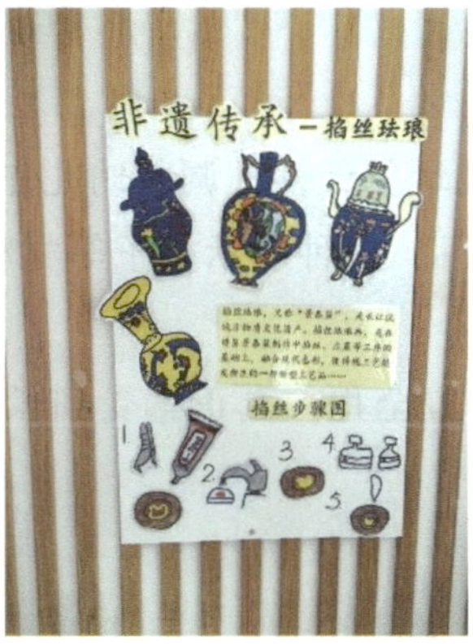

展板：非遗传承——掐丝珐琅

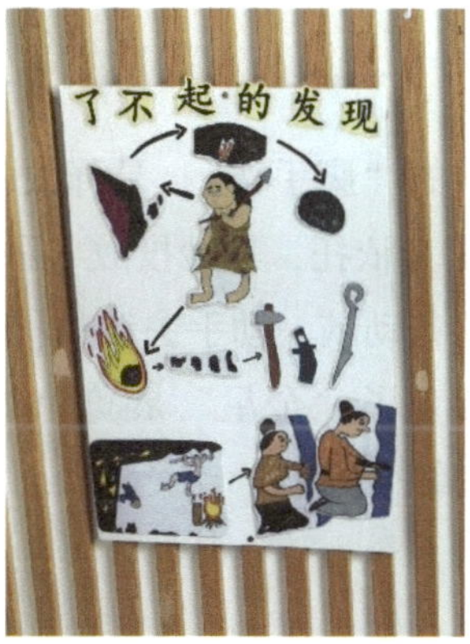

展板：了不起的发现

展板：古往“金”来

3. 怎么让参观的小朋友停留更久

随着参观人数的增加，幼儿的热情越来越高涨，但也出现了“为什么其他小朋友仅仅看一眼就走了”的疑惑。乐乐说：“我发现很多小朋友都不知道这些作品的设计原因，看不懂这些作品，所以就立马离开了。”同同立马回应说：“我们当小小讲解员讲解这些作品。”以同同的话为起点，幼儿的关注点已经由“宣传，吸引更多的小朋友”变为“讲解，让更多的小朋友停留”，并决定选择作品“代言人”。

作品“代言人”进行讲解

三、经验分享

环境布置具有联动性、互通性、调动性特征，是走进幼儿内心世界的重要依据，也是教师观察幼儿行为的重要凭借。温馨自然的环境布置可以拉近幼儿与环境的距离，便于幼儿稳定情绪，产生信任感和安全感。回看幼儿布置“金星”展览馆的全过程，倾听幼儿的对话，教师意识到幼儿的口语表达能力和动手操作能力获得了快速提升，真正感受到了环境布置的魅力，但也确实存在“不知如何下手”“不知怎样寻找布置材料”的问题，急需教师给予更多的方法和思路指引。

（一）以生活为载体，让环境布置回归生活

陶行知在“生活即教育”理念中强调教育的落脚点是更好地生活，让幼儿在理解生活、感悟生活、适应生活的过程中形成积极向上的态度，从而为幸福健康的人生奠基。以生活为载体的环境创设，凸显了生活资源的隐性价值，有利于幼儿在生活的熏陶下萌发更多的想象。为此，教师要善于发现美，让幼儿与“金星”展览馆直接对话，沉浸在自己创设的美好环境中，增强归属感。

（二）以材料为依托，让环境布置释放灵性

材料是幼儿主动探索的“脚手架”，是释放幼儿玩耍天性、调节幼儿焦虑情绪的助推器。为此，教师要以“金星”展览馆为依托，巧妙投放各种作品、各种展示柜子等材料，以便幼儿有足够数量的物品可以选择，支持幼儿动脑、动手去调整材料。

幼儿以饱满的热情参与了“金星”展览馆的布置全程，真正感受到了想象力落地生根的美妙，提升了发现美、表现美的综合素养。

房子的秘密

童树屏　沈　青

一、活动缘起

在假期里，幼儿和他们的父母去各地旅行。开学后，他们在休息时间讨论起各自旅行时的所见所闻。

“我和爸爸妈妈去看了广州的‘小蛮腰’。”

“我去了江阴的飞马水城度假区。”

“我去了古镇，看到了很多房子，上面有瓦片。”

“我在哈尔滨看到了城堡，像冰激凌一样。”

“新加坡的房子很奇怪，窗户歪歪的，还有‘手’呢！”

“什么？房子还有‘手’？”

教师听到了幼儿的讨论，积极参与了问题的延续，问小朋友旅行时为什么会看到如此不一样的房子。

“我知道，因为去的地方不一样。”

“因为是古代的房子。”

“古镇的房子矮矮的，人们可以在院子里晒辣椒、晒玉米，那里吃的东西都很辣。”

旅途中看到的房子

幼儿热烈地讨论着，旅行目的地的不同让他们关注起房子的演变和地域的影响。

《3—6岁儿童学习与发展指南》指出，要充分尊重和保护幼儿的好奇心和学习兴趣，帮助幼儿逐步形成积极主动、认真专注、不怕困难、敢于探究和尝试、乐于想象和创造等良好的学习品质。于是，根据幼儿对各种各样房子的兴趣和不同地域房子的特色等线索，大三班决定开展以“房子”为主题的课程活动，梳理对建筑奇观、人类民居和动物巢穴的理解。一次幼儿与教师共同探秘房子的旅程开启了。

二、活动开展

（一）认识房子

1. 奇特的外形构造

（1）世界建筑奇观

说起“我见过的房子”，幼儿最感兴趣的就是外形各异的房子。教师在QQ上建立了群相册收集幼儿与房子的合影。在谈话活动中，幼儿看着图片开始了介绍。

“我发现晨晨、茗茗、墨墨的照片上房子长得很像。”

“对哦，屋顶上都有瓦片，还有翘翘的角。”

“睿睿、铄铄和城堡拍照了。”

“屋顶好像一个洋葱头！”

开展“我见过的房子”讨论

“世界建筑奇观”图片

幼儿在观察和倾听中发现了不同建筑的风格特点。“世界建筑奇观”的学习活动应运而生。在阅读资源的辅助下，幼儿认识了比萨斜塔、印度泰姬陵、悉尼歌剧院、埃及金字塔、英国大本钟、阿拉伯帆船酒店等外国建筑，还了解了上海东方明珠、北京鸟巢、杭州雷峰塔、苏州东方之门等中国著名地标。活动后幼儿还把最喜欢的建筑在美工区画了下来。

教师的思考： 基于幼儿的经验与兴趣，教师在幼儿阅读资源的支持下开展了学习活动“世界建筑奇观”，从中外建筑的维度进行划分，帮助幼儿了解不同建筑的风格特点并进行表征。

（2）中华民居

在了解世界建筑奇观的过程中，幼儿对建筑的功能产生了疑问。

“书上说，泰姬陵是皇后的陵墓，什么是陵墓呀？”

“就是扫墓的那个地方吧。”

“妈妈说是人去世以后睡觉的地方，金字塔也是墓。”

“比萨斜塔里也住人吗？它每天都斜着吗？”

“我知道四合院和江南民居是可以住的。”

“那还有哪些房子也可以住呢？”

于是，围绕“人可以住的房子”这一话题，教师开展了“中华民居”学习活动，幼儿在多媒体课件的帮助下了解到因为地域和气候的不同，不同地方房子的构造是不一样的。人们最早在洞穴里生活，之后利用木材、石材建造房屋，后又制造出了瓦片砖块，直至今日钢筋水泥和工程机械的运用使现代建筑拔地而起。

在了解了中华民居的外形后，幼儿用绘画的方式画出了自己眼中的江南民居——“小桥、流水、人家”。之后幼儿对建筑的结构提出了新的问题。

“土楼里面是什么样子的？只有高高的地方有窗，里面是不是很黑？”

“窑洞是怎么挖出来的呢？人怎么住在里面？”

为了帮助幼儿探索民居的内部结构，教师在科学区投放了建筑拼装模型，幼儿一边看拼装图纸，一边将相应的零件拼装起来。

“原来土楼中间是空的。”

“江南民居里还有小桥。”

“建窑洞除了要挖土外，还要安装门窗和烟囱。”

“不同地方的人们可真厉害，能造出这么多漂亮的房子。”

画房子

拼装土楼模型

教师的思考：幼儿的探索循序渐进，教师要追随幼儿的思考，及时提供支持与引导。在初步探索建筑的外形后，幼儿对房子的内部结构产生了兴趣。建筑模型是合适的探索材料，幼儿的思维特点是以具体形象思维为主，教师应注重引导幼儿通过直接感知、亲身体验和实际操作来探索中华民居的结构。

2. 多样的内部装饰

（1）房子里有什么？

家是幼儿最熟悉的地方，里面有很多房间，房间里还有家具和电器。幼儿开始介绍起他们的家。

“我的房间里有写字台，平时我会在房间里写作业、睡觉和玩耍。”

“我家有 4 个房间，分别是 2 个卧室、1 个书房和 1 个卫生间。”

“我家的客厅里有沙发、茶水柜，我们经常坐在窗边聊天。”

其他地区的房子里面也是这样的吗？幼儿有了新发现。

“蒙古包里铺着厚厚的地毯，地毯上面还有漂亮的花朵图案。”

“蒙古包里还有矮矮的小方桌，墙壁上挂着彩色的绸缎。”

“蒙古包中间有火炉，可以取暖、烧饭。”

“哇，蒙古包好特别，和我们的家都不一样。”

介绍蒙古包

“土楼多为圆形或方形，里面还有围栏和扶手。”

“土楼的走廊里还有挂画和灯笼。”

“住在窑洞里的人们不用床，他们睡在火炕上。”

“吊脚楼里也有一个个房间，但房间里面全是用木头做的家具。”

“四合院里有一个大大的院子，里面有很多红色的柱子和花窗。”

“江南民居里有红木柜子、红木椅子、红木桌子，连门也是用红木做的，上面还有雕刻的花纹。”

幼儿发现原来不同地区的房子的内部装饰也各不相同。

参观展览馆

（2）参观家居展览馆

幼儿走进红蚂蚁家居展览馆，欣赏了展现古代木匠作业场景的木作版画，发现了铆钉、五脊六兽、门簪、斗拱、雀替、榫卯、铜配饰、木纹饰等古代建筑特色物件，进一步了解了传统家居文化。

“古代木匠会使用不同的木工工具。”

“原来制作一件家具要这么多步骤。”

“我发现门簪的款式不一样，上面还有好看的花纹。”

“木纹饰上还有镂空的花纹，真好看！”

“红木椅子里面也用到了榫卯连接呢！”

3. 创意手工房子

欣赏了各式各样的房子后，幼儿还手工创作了很多房子。在美工区，他们根据想象进行室内设计，使用纸盒房子、超轻黏土等材料为房子添置家具和电器。他们还使用棉签棒制作了房子小夜灯。

在木星坊，他们用线锯、锯床和电钻制作了房子钥匙扣和房子挂饰。

在土星坊，他们用陶泥制作了房子冰箱贴和各种各样的小房子。

在金星坊，他们用金属丝绕出了房子便签夹。

创意手工房子作品

土星坊中传来了幼儿的对话声：“怎么才能用泥片拼出小房子呢？”文文想到了一个好办法，说：“我们可以按照之前在科学区玩磁力片时拼房子的方法进行操作。”“我发现上面用了 2 个三角形、7 个正方形的磁力片。”

幼儿两两合作，先擀泥片，然后按照磁力片的大小切割泥片，再把泥片用泥浆一片一片粘起来。

“咦，我的房子怎么站不起来?”瞳瞳刚把拼好的屋顶垒到围起来的墙面上，墙面就凹陷了下去。“会不会是泥片太薄了?”她又找来0.7厘米厚度的导轨重新擀泥。小房子最终盖好了，幼儿还给它涂上了好看的颜色。

制作小房子

教师的思考：追随“房子里面有什么”这个问题，幼儿进行调查、参观、记录和表征。教师从幼儿发现民居的异同点入手，将问题进一步延伸，在幼儿的生活经验基础上借助展览馆资源进一步拓展，引导幼儿拍照记录，增强其表达与分享欲，还提供适宜的材料帮助幼儿表征，并展现自己获得的新经验。当遇到房子塌陷的问题时，幼儿不断尝试解决问题，这也发展了他们的科学探索能力。通过迁移区域游戏的经验探究房子的结构，统计图形的数量，以及在拼装时对不同材料的厚薄形成感知，都是对事物物理属性的探索。

（二）建造房子

1. 动物建筑师

了解“动物建筑师”

在集体活动“动物建筑师”中，幼儿发现小动物都是建筑高手，织布鸟、小燕子、啄木鸟、土拨鼠、蜜蜂、蜘蛛、蚂蚁都有自己建造房子的方式。

2. 小动物的家

“我想为小动物造房子，为小鸟造个小木屋。”

“我想帮小兔子造房子。”

“我想做仓鼠的家，里面要有饮水机、洗衣机。”

“我想用木板来制作镂空的城堡，涂上好看的颜色。”

设计完图纸后，幼儿在木星坊利用木材和工具为小动物造房子。

为小动物造房子

教师的思考：随着对房子的探索不断深入，幼儿对建造房子的兴趣越来越浓。“小动物的家”是一个适合幼儿发挥创造力的主题，幼儿可以尽情探索，自主游戏。在木星坊游戏中，幼儿基于已有的经验设计制作了不同动物的家。

（三）展览房子

随着探秘活动的深入，幼儿造房子的经验越来越丰富，作品也越来越多，他们把作品展示在了展览馆，布置了一场属于大三班幼儿的展览。

展览房子

教师的思考：幼儿在亲自布展、讲解中进一步发展了语言能力、社会交往能力，最终体验到了展览成功举办的喜悦与成就感。

三、经验分享

这个班本活动来源于幼儿的生活，而生活即教育，在生活中处处都是教育的机会。学习任何知识的最佳途径就是自己去发现，要让幼儿成为活动的主体和活动的“设计师”，而教师要做的就是为幼儿提供一切可能用到的资源和自由开放的环境。教师不断优化课程内容和方式，满足了幼儿的学习需求和发展需要。

幼儿发现了有关房子的很多秘密和趣事，在各种形式的活动中得到了全面的发展。也许在接下来的日子里，幼儿还能用无限的探索热情和创意灵感创造出更有趣的故事，教师应继续观察并抓住他们的兴趣点和关注点，进行有效的价值判断，从不同角度、不同层面挖掘活动价值，开拓更多的活动资源。

拥抱蓝色星球

阙怡秦　胡宇逸

海洋是幼儿感兴趣的话题，幼儿充满探索欲望。基于幼儿的兴趣，大二班的教师和幼儿一起对海洋进行了探秘，开展了与海洋有关的各类活动并完成了海洋展览馆的布置，下面一起来看看大二班幼儿开展活动的过程吧。

一、活动缘起

一天早晨，小谦手捧“宝贝”迫不及待地跟同伴们分享，说：“快看，这是我在海边捡到的贝壳，还有这个海螺，放在耳朵边上还能听到大海的声音呢！”

“真的吗？可以让我听一下吗？”

“我也想听。”

“我去过海边，这就是大海的声音。”

“我也去过海边，我还看到过小螃蟹在沙滩上爬呢。”

“大海里还有海豚、鲨鱼呢。”

“还有海龟呢。”

幼儿开始围绕“大海里有什么”这个话题各抒己见，展开了激烈的讨论。

之后几天，幼儿陆续带来了自己家里的贝壳、海星、海螺等在海边收集到的物品，在休息时间还不断讨论着海洋里的小动物们。

二、活动开展

基于幼儿的兴趣，教师在语言区投放了与海洋动物有关的绘本，幼儿在阅读绘本的基础上又展开了新一轮的讨论。

“海底是什么样子的？”

“海洋有多大？”

“大海的深处有什么？”

“海军叔叔是怎么保护大海的？”

……

追随幼儿的兴趣及已有经验，教师开展了班本活动课程审议，初步确立主题为“拥抱海洋”，预设活动开展时间为五周，意在满足幼儿对海洋的探究需求，帮助幼儿拓展有关海洋的特征、海洋里的动植物、海洋与人类的关系等方面的知识，让幼儿了解海洋、热爱海洋、保护海洋。

（一）寻·海的“足迹”

在主题活动开展的过程中，幼儿对“哪些地方有海”充满了兴趣，有的幼儿说自己的老家就有大海，于是教师带领幼儿一起了解了苏州周边有海的城市。

在了解了周边城市的海洋分布区域以后，幼儿又产生了新的问题：只有这些地方有海吗？显然不是，幼儿和爸爸妈妈一起查阅了很多资料，初步了解了全国各地有海的城市。了解之后，幼儿对海的“足迹”的兴趣愈发浓烈。通过师幼调查研究，幼儿了解到中国的四大海分别是渤海、黄海、东海、南海，世界四大洋分别是太平洋、大西洋、印度洋和北冰洋。幼儿讲述了他们对海洋的认识。

小屹：太平洋是世界上最大、最深、边缘海和岛屿最多的大洋，它连接着北美洲、南美洲、亚洲和大洋洲。

子乔：大西洋是世界的第二大洋，它在东西半球之间，被划分为北大西洋和南大西洋。

小陶：印度洋是世界的第三大洋，它位于亚洲、非洲、大洋洲和南极洲之间。

晞晞：北冰洋位于地球的最北端，是世界上最小、最浅和最冷的大洋。

小谦：我还知道海洋的面积特别大，它占地球面积的百分之七十一呢。

通过查阅资料，幼儿对海的“足迹”有了初步的了解，但还想对海洋有进一步的了解。

（二）识·海的朋友

小言：这是虎鲸，虎鲸是海豚科中体型最大的一种，它的鼻孔在头顶的右侧，背部和身体的两侧都是黑色的，雌性虎鲸的背鳍像镰刀一样，它被称为“海上霸王”。

妍妍：我画的是海豚，海豚的鼻孔是在头顶上的，海豚喜欢跳跃，它游的速度非常快，妈妈跟我说海豚的智商也很高。

小门：快看，这是海马，海马的尾巴卷卷的，海马还有很多不同的颜色，告诉你们一个秘密哦，小海马是在海马爸爸的肚子里长大的。

慕慕：海星就像五角星一样，它可厉害了，它的皮肤上有很多小晶体，每一个晶体都像眼睛一样。

小剀：那你们知道海狮跟海豹有什么区别吗？让我来告诉你们答案吧，海狮的耳朵外面会有一个小皮瓣，而海豹只有一个耳孔哦。

老师：海洋除了有许许多多的动物朋友外，还有其他朋友吗？

小陶：老师平时吃的海带、紫菜也是生长在海洋里的，它们还很好吃呢。

老师：是呀，藻类植物也是海洋的朋友，藻类植物有许多不同的种类，它们的大小、颜色各有不同。还有其他的吗？

柄柄：海洋里还有很多珊瑚礁呢。

小陶：珊瑚礁也是动物啊，现在老师说的是其他的海洋朋友哦。

柄柄：老师，珊瑚礁真的是动物吗？

老师：是啊，珊瑚礁是生活在海底的一种动物，它看着一动不动，像树枝，其实它是一种动物，这种动物叫珊瑚虫。

柄柄：原来是这样，那海洋还有什么朋友呢？

老师：红树林也是海洋的朋友哦，红树林涨潮时被海水淹没，退潮时露出，被称为“海上森林”。

幼儿对于“海洋的朋友”讲述最多的是一些海洋动物，刚开始幼儿对这些海洋动物的细节特征只有大致的了解，通过学习，他们对海洋动物有了更深入的认识。在教师的引导下，幼儿还知道了藻类植物、红树林等也是海洋的“朋友”，获得了关于海洋的新知识。

（三）探·海的奥秘

幼儿是天生的探索家，他们热衷于用自己的每一个器官去探索地球这个蓝色星球的奇妙之处：

“海洋里面的动物每天都吃什么呢?”

“盐是从哪里来的？盐有什么秘密?”

“为什么沙滩上一会儿有海水一会儿又没有呢?”

1. 海洋食物链

海洋里有那么多的鱼类，它们生活的环境都一样吗？海洋里有各种各样的栖息地，孕育着种类繁多的生命，有着它的食物链。

2. 盐从哪里来

文杰：盐就是奶奶从超市里买来的呀。

小诺：盐是从泥土里挖出来的吧？

昊昊：才不是呢，盐是从海里捞出来的！

幼儿激烈地讨论着这个问题：盐到底是从哪里来的呢？

带着疑问，师幼一起通过观看视频、照片的方式了解了盐是从哪里来的。

3. 涨潮落潮

海水有涨潮和落潮现象，涨潮时，海水上涨，波浪滚滚，景色十分壮观；落潮时，海水悄然退去，露出一片海滩。涨潮和落潮一般一天有两次。海水的涨落发生在白天叫潮，发生在夜间叫汐，所以也叫潮汐。在涨潮和落潮之间有一段时间水位处于不涨不落的状态，叫作平潮。

（四）护·海的蔚蓝

随着“拥抱海洋”主题活动的开展，幼儿对海洋污染这个话题的讨论愈发热烈，看着一张张触目惊心的照片，幼儿深刻感受到了蓝色星球正在被垃圾侵占，海水变得浑浊，海洋动物们变得无家可归。

在海洋的故事里，任何一个小生命都不可或缺，如何携手保护海洋动物、守护海洋生态环境呢？幼儿想到了许多保护海洋的方法。幼儿呼吁大家不往海里扔垃圾、不排废水、不滥捕杀海洋动物，希望大家能够一起守护蔚蓝的海洋世界。

幼儿对于保护海洋这个话题充满了兴趣，教师尝试让幼儿成为学习的主人，幼儿通过儿童会议的方式讨论保护海洋的方法，他们在开展儿童会议的过程中大胆表达自己的想法，并合作绘制了保护海洋的宣传海报。

三、经验介绍

在此次主题活动开展的过程中，教师还将海洋与五大领域关联在一起，在潜移默化中将海洋主题课程与五大领域课程融合实施。比如，在健康领域开展海洋主题安全教育；在语言领域通过儿歌、故事等引导幼儿大胆、自信地表达对海洋的认识；在艺术领域引导幼儿唱与海洋有关的歌曲，创作与海洋有关的作品；等等。

海洋主题活动的开展，不仅激发了幼儿对海洋的探索兴趣，还培养了幼儿丰富的想象力和表现美的能力。幼儿知道了保护海洋的重要性，了解了保护海洋的方式、方法，同时也知道了如何从自身做起，形成了保护环境的意识。

培养幼儿爱护海洋、保护海洋的意识，是家长和教育者共同的责任。

最美苏州

胡凯婷　谢婕妤

苏州如诗，是枫桥夜泊船，凌波过横塘；苏州如画，是姑苏台上月，人尽似神仙。天地悠悠，湖山点点，有一座城是苏州，是江南，既纯粹，又斑斓。烟波浩渺的太湖，是她的胸怀；奔流不息的长江，是她的血脉；山清水秀的江南，是她的舞台。

一、活动缘起

金秋十月，正值国庆假期，幼儿有的出游，有的回到了自己的家乡，假期生活丰富多彩。返园后，幼儿互相分享着自己的所见所闻，迫不及待地把自己的快乐说给好朋友们听。

国庆出游

有的幼儿去了海边赶海，有的幼儿去四川看了大熊猫，有的幼儿去爬了三山五岳，还有许多幼儿选择了在苏州游玩，看一看虎丘塔，在阳澄湖边骑自行车，在活力岛上露营……他们发现外面的世界漂亮有趣，而苏州也有很多好玩的地方和好吃的美食。

游玩山塘街

游玩沙家浜

游玩虎丘山

游玩阳澄湖

幼儿连续好几天分享交流自己在苏州的游玩经历及所见所闻，他们对这些充满了兴趣，基于此，教师预设了大一班的班本活动，更深层次地去挖掘苏州的内涵，在幼儿获得新知识的同时弘扬苏州文化，激发幼儿爱祖国、爱家乡的情感。

二、活动开展

苏州有着独特的文化，粉墙黛瓦、江南园林是苏州的景色，香甜的糕团、时令湖鲜是苏州的美味。在家长的陪伴下，幼儿实地走进了苏州的大街小巷，感受着苏州的独特文化魅力。

（一）古城篇

苏州是一座具有2500多年历史的古城，是中国历史文化名城之一。粉墙黛瓦，青砖绿野，道不尽的是千年古韵；小桥流水，乌篷轻摇，述不完的是温婉闲适。

古城篇展板

幼儿走进古镇和老街，感受苏式建筑的古朴和淡雅，并在班级美工区绘画了江南石桥，创作苏式民居的撕贴画。

画江南石桥

创作苏式民居撕贴画

在土星坊，幼儿用陶泥做出了粉墙黛瓦的老房子。

开展陶艺活动

陶艺作品展示

苏州素有“人间天堂，园林之城”的美誉。苏州园林有“名园之冠”的美称，是中国传统园林艺术的瑰宝，拙政园等多处园林被列入世界文化遗产名录。幼儿通过调查对苏州园林也有了初步的了解。

游玩苏州园林

香香：苏州的许多古典园林世界闻名。

悠悠：著名的苏州园林有沧浪亭、狮子林、拙政园等。

岩岩：拙政园是四大园林之首，园内有很多假山。

幼儿还画了苏州园林的美景。

画苏州园林美景

（二）漏窗篇

《3—6 岁儿童学习与发展指南》指出：“成人要善于发现和保护幼儿的好奇心，充分利用自然和实际生活机会，引导幼儿通过观察、比较、操作、实验等方法，学习发现问题、分析问题和解决问题，帮助幼儿不断积累经验，并运用于新的学习活动，形成受益终身的学习态度和能力。”在探索苏州园林的过程中，幼儿还对园林里的漏窗十分感兴趣，基于此，师幼一起对园林漏窗进行了深入的探究和了解。幼儿发现苏州的漏窗是苏州园林中的一种特色建筑，是园林中窗的一种特殊形式。漏窗形状各异，样式有方形、圆形、菱形、梅花形等。做漏窗的材质也有很多，有砖、石、竹等。

园林漏窗展板

在亲身体验、分享交流中，幼儿知道了在苏州园林中，漏窗往往用于形成室内外空间的“交流”和渗透，使园林中的空间更是流动性和连贯性。同时，精致美丽的漏窗也成了苏州园林中的一道亮丽风景线。

画漏窗

（三）秋日美景篇

《3—6 岁儿童学习与发展指南》指出：“每个幼儿心里都有一颗美的种子。教师要充分创造条件和机会，在大自然和社会文化生活中萌发幼儿对美的感受和体验，丰富其想象力和创造力，引导幼儿学会用心灵去感受和发现美，用自己的方式去表现和创造美。”小桥流水边的红枫映日，江南园林的金黄诗意，是姑苏城的特有秋色。为让幼儿感受苏州的秋日美景，大一班幼儿进行了秋游活动。

感受苏州秋日美景

小杰：秋日的拙政园里有金黄的银杏、火红的枫叶。

瑞瑞：秋天的稻田，风吹稻浪，飘来阵阵稻香。

乐乐：秋天来临，天平山是个好地方，山上有大片红枫，像火一样。

容容：秋天的冯梦龙故居附近有大片的粉黛子，像一块厚实的地毯。

宜宜：西园寺前有两棵古银杏，一到秋天，到处都是金色，可美了。

幼儿跟着家长去寻找了苏州的秋日美景，也和同伴们一起徒步活力岛，感受了苏州秋日的魅力。

活力岛秋游（一）

活力岛秋游（二）

（四）现代建筑篇

苏州不仅是一座文化古城，还是一座快速发展的现代化都市，有很多现代建筑，如工业园区有东方之门、国金大厦、奥体中心，相城区有活力岛、高铁北站。

宁宁：东方之门是苏州的地标建筑，也是著名的“网红”景点，它的外形像一条大秋裤，因此被人们亲切地称为“大裤子”。

悠悠：苏州还有一座特别受欢迎的“网红”景点，就是贝聿铭爷爷设计的苏州博物馆。贝聿铭爷爷是著名建筑大师，苏州博物馆是他送给苏州的礼物。

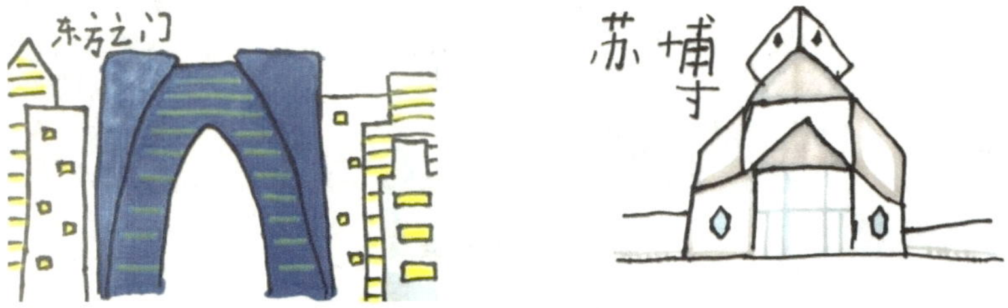

幼儿表征：苏州现代建筑

（五）美食篇

幼儿也一起寻找了苏州的美食，感受苏州美食文化。

苏州美食展板

鲜美的阳澄湖大闸蟹、酸酸甜甜的白玉枇杷、香香的碧螺春、水灵灵的“水八仙”……这些都是大自然给我们的馈赠。苏州还有很多美食招牌，采芝斋的糖果、黄天源的糕团、松鹤楼的苏帮菜都值得尝一尝。

品尝苏州美食

幼儿还画了西山橘子和阳澄湖大闸蟹水墨画。

画出苏州美食

幼儿还对苏州的面文化产生了浓厚的兴趣，有人提出：“老师，我们可以去火星坊做面条吗？”大家听了都想加入。结合幼儿萌发的兴趣点，师幼一起策划了火星坊半日活动。幼儿制订计划，确定所需材料、人员安排，有浇头小组、面条小组，同时还明确了职责，并将想法记录了下来。

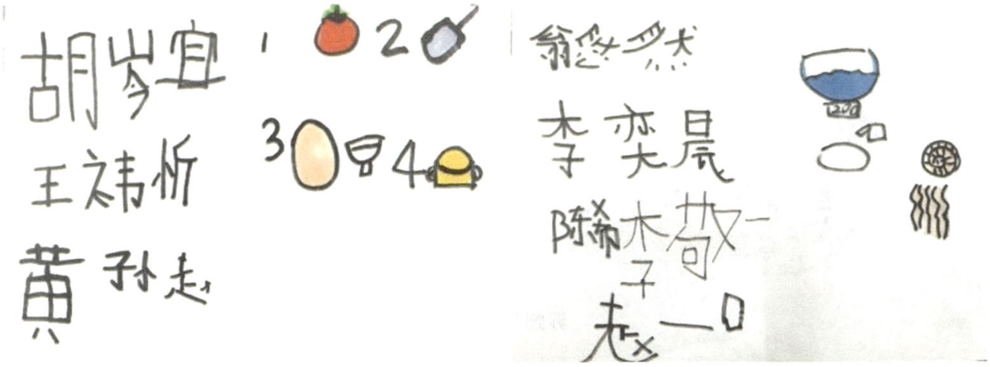

火星坊面条制作计划

此外，幼儿不仅了解了苏式面文化，还品尝了自己制作的番茄鸡蛋面。

切番茄

炒鸡蛋

做出番茄炒蛋

揉面

压面

品尝番茄鸡蛋面

（六）非遗篇

苏州非遗传承了苏州地区的优秀传统文化，促进了文化多样性和地方文化生态的保护与发展。

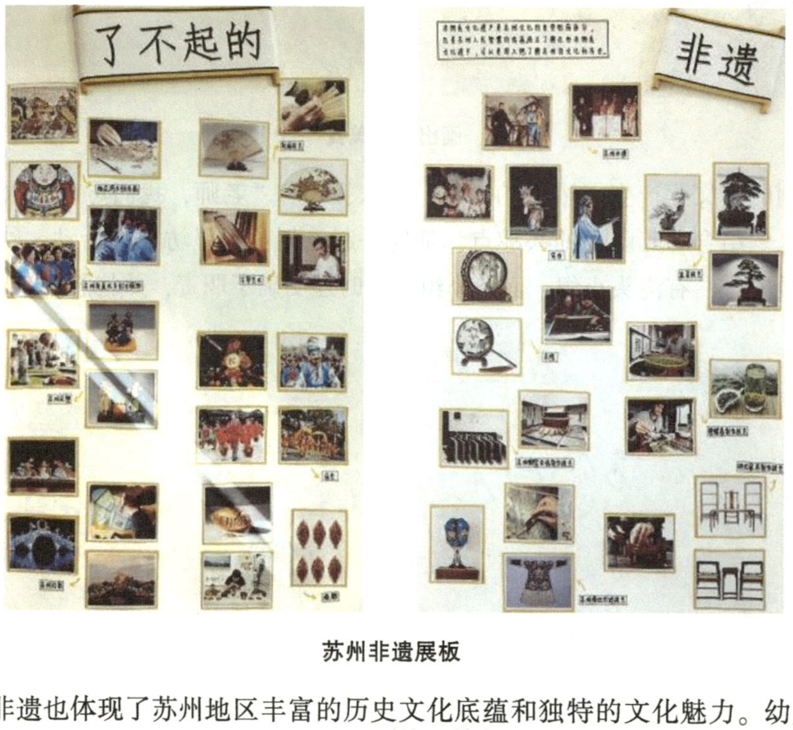

苏州非遗展板

同时，这些非遗也体现了苏州地区丰富的历史文化底蕴和独特的文化魅力。幼儿在教师的带领下进行了调查和了解，并体验了非遗技艺，制作了“太湖石”，绘制了苏式彩灯。

制作苏式彩灯

（七）布展解说篇

积累了这么多素材后，幼儿和教师一起计划并完成了展览馆的布展。

合作布展

展览馆内景

为了让更多的人来参观展览，发现苏州的美，幼儿分成了多个解说小组，面向教师、家长和其他班级进行了精彩纷呈的解说。

制作邀请函并邀请教师参观

幼儿讲解

幼儿希望通过展览与解说，让更多的小朋友、老师和家长看到大一班的“最美苏州”班本活动成果，让更多的人感受到苏州的文化底蕴，从而对苏州充满热爱之情。

三、经验分享

太湖之畔，名城苏州；鱼米之乡，纯粹江南；东海之滨，人间天堂。幼儿通过学习、创作、体验、感受等方式，感受了苏州的传统文化，又通过布展、解说等方式，不断传播和弘扬传统文化。教师也从活动的目标制定、内容选择、实施方式和评价方式等多个方面入手，培养幼儿对苏州文化的兴趣和热爱，促进他们的全面发展。同时，经过不断探索和创新，不断优化活动内容和方式，满足了幼儿的学习需求和发展需要。“最美苏州”主题活动的开展，不仅帮助幼儿全面了解了苏州文化，培养了他们的文化自信和认同感，而且提高了他们的实践能力和自主学习能力。

竹·趣

顾春燕　王舟婷

竹影竹风竹醉中，竹枝竹节惜竹空。

竹千竹万竹竹直，竹意竹情竹尽同。

陈鹤琴先生曾提出，大自然、大社会都是活教材。幼儿园的课程应从幼儿的经验出发，追溯幼儿的兴趣，满足幼儿的需要。

一、活动缘起

元和幼儿园养着一些鸭子和大鹅，随着幼儿园鸭子和大鹅数量的增多，园部决定扩建“鸭鸭幼儿园”。在扩建过程中，大六班幼儿请了保安叔叔来帮忙制作新的围栏和门。在制作过程中，幼儿认真地观察着，发现了许多关于竹子的秘密。

翀翀：咦，这不是竹子吗？竹子也能用来做围栏和门吗？

保安叔叔：是啊，我用到了很多竹子，这样围栏和门可以更牢固一些。

幼儿在和保安叔叔的对话中，对竹子产生了好奇。

观察保安叔叔制作围栏和门

观察竹竿

随着“鸭鸭幼儿园”扩建完成，幼儿对竹子的讨论也告一段落。可是过了两三天，彤彤拿了一根长长的竹竿到班级来。幼儿看见竹竿再一次激动了起来，围拢着一起观察与讨论。于是，一场关于竹子的活动就此展开了。

教师的思考：从第一次发现竹子的用处到幼儿带着竹竿来班级，这表现出了幼儿对竹子的浓厚兴趣。兴趣是最好的老师，可以有效唤醒幼儿学习的内驱动力，使幼儿自主生发出强烈的操作欲望。幼儿园的课程应从幼儿的经验出发，追随幼儿的兴趣，满足幼儿的需要。

二、活动开展

追随幼儿的兴趣，班本活动“竹·趣”开启了。

（一）竹之秘

1. 寻找竹子

幼儿利用周末寻找了身边的竹子。

嘉瑞：我发现有的竹子是很细很细的，有的竹子身上还有些黄。这些竹子长在一起，是成片成片的。大竹子的周围还有一些正在长出来的小竹子。

心心：我在公园门口的健身器材那里发现了竹子，我一开始看见竹子上面有很多竹节，还有许多竹叶。我发现竹叶都是长在竹节上的。

庄庄：我看见的竹子是又细又长的，而且它的竹叶非常多。

越越：我看到的竹子都很粗，非常笔直，也非常高。我还发现竹子上被人刻了标记，我觉得很不好，我们不应该破坏竹子，竹子也是有生命的。

霜霜：我在小区里找到了小竹林，我在那里发现了竹子的根部，还在旁边发现了一些高高的竹笋和矮矮的竹笋。

奚奚：我在小区里找到了凤尾竹，凤尾竹比平时见到的竹子矮一点，但是比我们小朋友高，而且它的竹叶是很密的。

寻找竹子

2. 认识竹子

竹子有哪些种类？竹子可以用来做什么？竹子由哪些部分组成？幼儿围绕这些问题展开了讨论。

玥玥：竹子是竹笋变的，竹笋是宝宝。

萱萱：竹子是由竹叶、竹枝、竹竿和地下茎组成的。

苏琪：竹子的根系很发达。
翀翀：竹子是空心的。
越越：竹子可以做成竹杯、竹盘，还有竹篮。

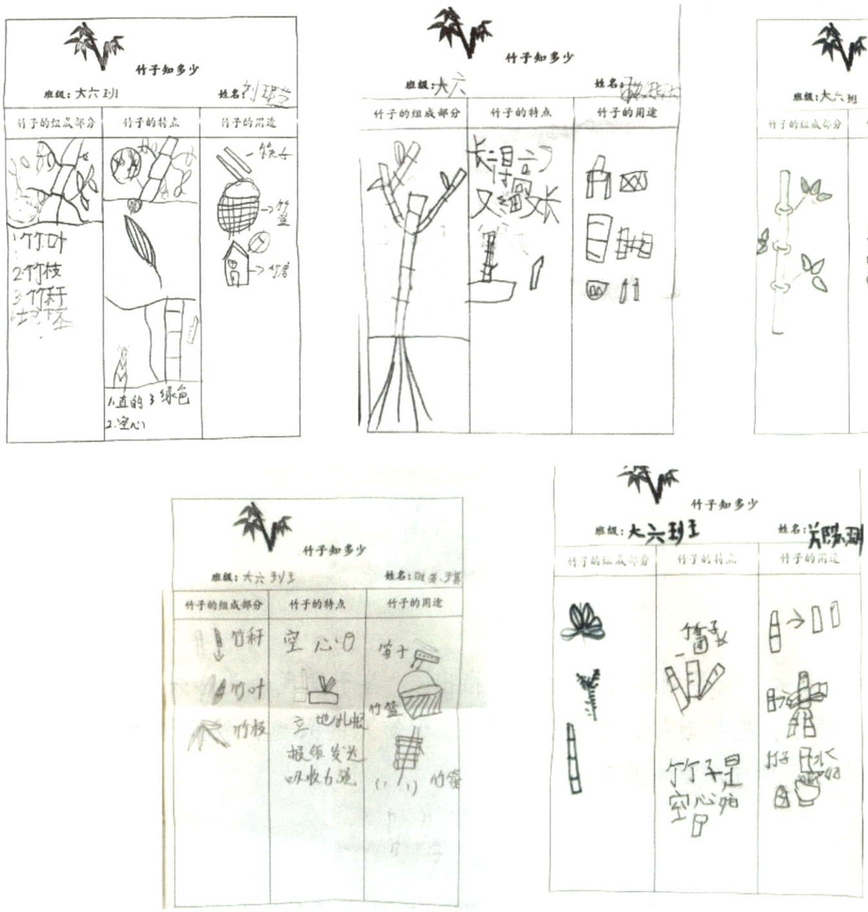

“竹子知多少”调查

结合先前的调查，幼儿进一步了解了竹子的结构。

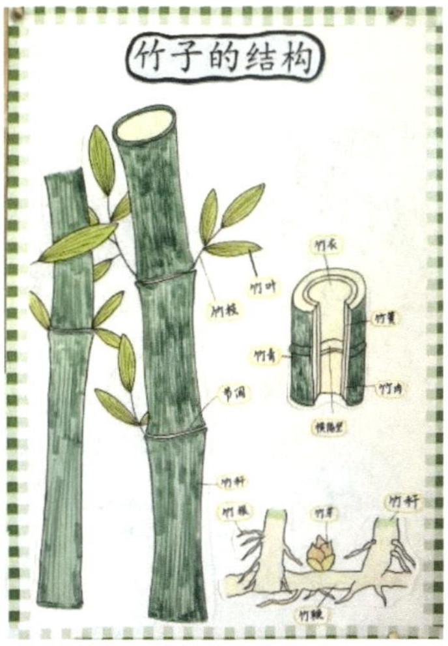

竹子的结构图示

竹子的种类是多种多样的。全世界有1200种以上的竹子，在我国有250种以上。我们生活中常见的竹子有佛肚竹、湘妃竹、金竹、紫竹、水竹、毛竹、凤尾竹。

3. 发现生活中的竹制品

在做区域游戏的时候，瑞瑞拿着毛笔写字，写着写着突然笑着说："老师，我发现了一个秘密，这个毛笔是用竹子做的！"

某天散步的时候，轩轩发现"鸭鸭幼儿园"附近有一个大大的扫帚，它竟然也是用竹子做的！原来竹子还可以做成我们生活中常用的工具。

竹子的秘密真的很多，很多能工巧匠还用竹子做了很多的竹制品。

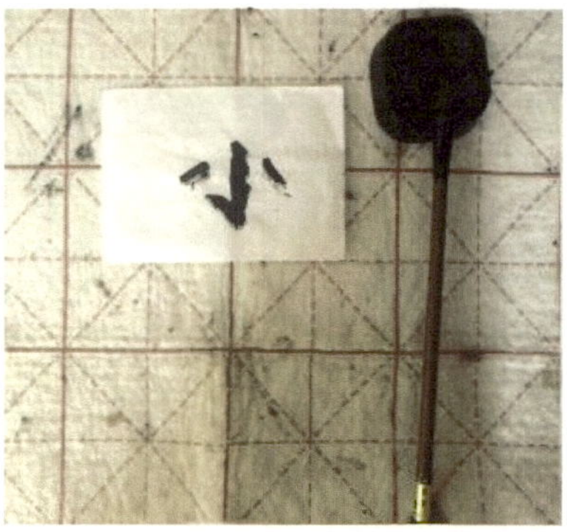

毛笔

教师的思考：《幼儿园教育指导纲要（试行）》指出："善于发现幼儿感兴趣的事物、游戏和偶发事件中所隐含的教育价值，把握时机，积极引导。"基于幼儿的兴趣，教师通过寻竹、探竹活动，引导幼儿了解竹子的特性及其与人类的关系。

（二）竹之美

通过家园合作，幼儿收集到了一些卫生干净的竹篾。在对竹子和竹制品有了简单的了解后，幼儿的创作欲望慢慢萌发出来了。于是，教师在生活区投放了一些竹篾，鼓励和引导幼儿大胆尝试创作不同的竹编作品。

1. 编竹

① 编竹子小船：

编竹子小船

② 编竹扇：

编竹扇

③ 创作竹编画：

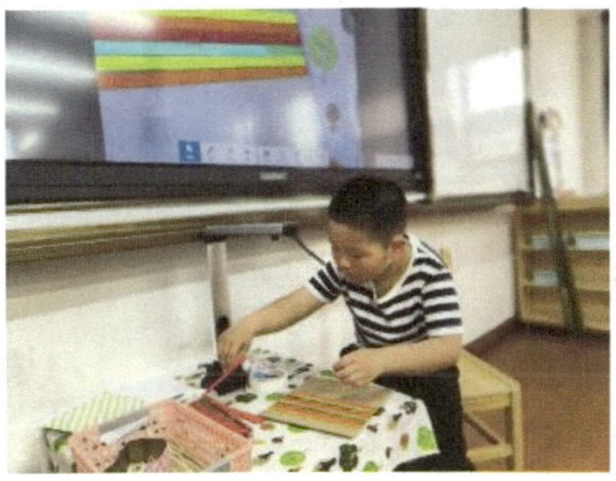

创作竹编画

2. 锯竹

有幼儿提出：“木工区的作品都是用木头做的，既然竹子也能锯、能打孔，那么我们是不是也可以在木工区用竹子做东西呢?” 于是，“小木匠们”开始商量、合作，一起制作了各种各样的木工作品。

① 制作“大树”：

制作“大树”

② 制作“小鱼”：

制作“小鱼”

③ 制作竹风铃：

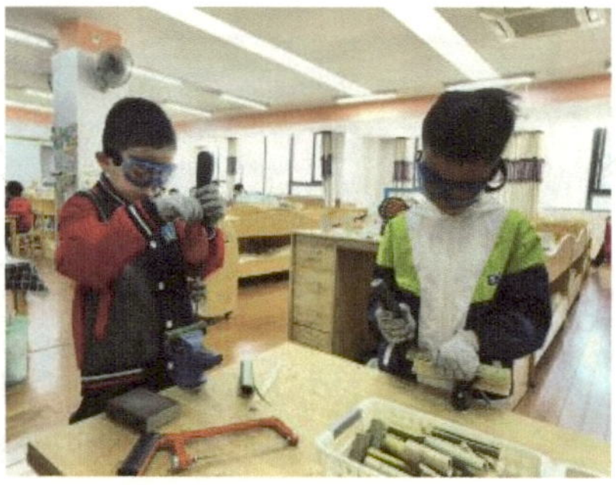
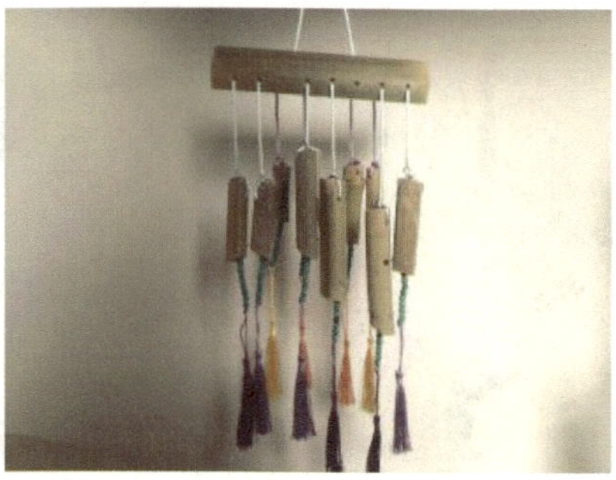

制作竹风铃

④ 制作灯笼：

制作灯笼

3. 画竹

用竹子做出了许多好看的作品后，幼儿纷纷表示想要画一画竹子及创作竹编画。

① 画竹子：

画竹子

② 创作竹编画：

创作竹编画

4. 装饰竹制品

随着“竹·趣”活动的开展，幼儿也从家里带来了更多的竹制品，于是教师引导幼儿在竹制品上进行装饰和彩绘。

在竹制品上进行装饰和彩绘

5. 掐竹

在金星坊开展掐丝活动的时候，有幼儿掐了一个有关竹子的作品。大家看到后觉得非常好看，而且和班本活动很契合，都想动手试一试。于是，教师在班级里开展了有关竹子的掐丝活动。

掐竹

掐竹作品

教师的思考：艺术是人类感受美、表现美和创造美的重要形式。幼儿用自己的方式去表现和创造竹之美，萌发了对美的感受和体验，提升了想象力和创造力。

（三）竹之趣

竹子还可以用来干什么呢？幼儿继续讨论，探究了竹子的多种玩法。

玥玥：两个小朋友可以各拿一根竹竿，然后同时放手，跑去拿对方的竹竿，谁的竹竿没有倒在地上谁就赢了。

庄庄：可以用竹竿去推轮胎。

小苹果：我觉得可以从竹竿上跳过去。

雯雯：我们可以跳过竹竿去捡沙包。

媞媞：我们可以用两根竹竿搭成山洞，小朋友从底下钻过去。

小朱朱：我知道，我知道，还可以跳竹竿舞，我之前看过。

幼儿讨论之后进行了记录和表征，大胆想象竹竿的不同玩法。

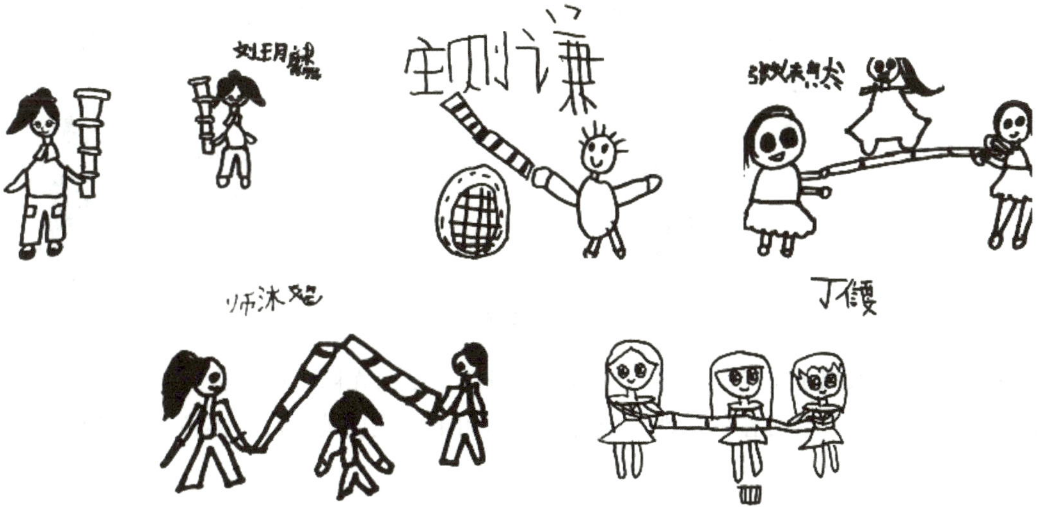

幼儿表征：竹之趣

于是，在户外进行体育锻炼的时候，教师为幼儿提供了一些相关材料，让他们根据设计的玩法进行大胆尝试。

①“跳”和“钻”：

跳竹竿

钻竹竿

② 跳竹竿舞：

跳竹竿舞

幼儿用几根竹竿玩出了不同的花样，他们兴趣盎然、创新无限，愿意去探索和发现，遇到问题也能积极解决，充分体验到合作的乐趣。同时，他们的走、跑、跳、钻、爬各项运动技能得到了充分的锻炼。

（四）竹之味

竹子不仅有很多玩法，还可以被制作成美食。幼儿对竹子可以制作成哪些美食进行了讨论。

瑞瑞：可以炒竹笋来吃。

越越：我喝过竹筒奶茶。

冠名：我妈妈在家给我做过竹筒饭，非常香。

为了激发幼儿对竹子美食的兴趣，丰富幼儿的认知及实际经验，一场美食之旅开始了。

老师：做竹筒饭需要准备什么呢？

越越：要先准备一个竹筒。

雯雯：还要准备一些饭。

然然：还有蔬菜，我记得有胡萝卜。

老师：那竹筒饭具体怎么做呢？

幼儿带着这个问题和爸爸妈妈一起查找了资料，最后大家商量确定会用到以下食材：胡萝卜、玉米粒、香菇、肉和糯米。同时，在家长的协助下，一个个安全又卫生的竹筒很快制作完成了。

① 小小厨师上线：

制作竹筒饭

② 美食制作完成：

竹筒饭

③ 品尝香喷喷的竹筒饭：

品尝竹筒饭

三、经验分享

在开展这些有关竹子的活动时，幼儿以自己的方式进行了记录，并计划将它们布置在“竹·趣”展览馆中，邀请更多的小伙伴走进竹子的世界。

布置“竹·趣”展览

大自然赋予了幼儿无穷的探究欲望和学习机会。竹子引发了幼儿一次又一次的探究兴趣和探究行为。他们通过直接感知、实际操作、亲身体验，在实践中探寻竹子的秘密。关于竹子的活动虽然会告一段落，但是幼儿的精彩成长会继续，他们会和竹子一起扎根，一起成长。

点亮航天梦，太空星征途

李　静　陈旻霞

一、活动缘起

梦想是一颗种子，
萌发于最初的探索心，
相信每一个孩子，
在寂静的夜晚，仰望星空时，
都曾有过一个航天梦！
航天梦，也是中国梦！
航天追梦人用智慧和热情，
谱写着中国航天事业的辉煌历史。
孩子们，
太空很酷，中国很强！

从古至今，人类从未停止对星空的探索，仰望星空时幼儿总会对神奇的宇宙充满了好奇。无论是对浩瀚宇宙的向往，还是对火箭飞船的痴迷，都是幼儿最纯真的梦想！幼儿是天生的探索家，他们的小脑袋里有十万个为什么，有无数的奇思妙想，渴望了解万事万物。

2022 年 12 月 4 日，大五班幼儿观看了神舟十四号载人飞船返回地球的直播。

观看神舟十四号载人飞船返回地球的直播

月月：老师，太空闻起来是什么味道的？
多多：航天员在太空怎么洗澡，怎么上厕所？
一一：在太空中人会飘起来的，那么航天员怎么睡觉呢？
六六：老师，航天服穿着舒服吗？
可可：航天员在太空中吃些什么？

呦呦：老师，怎样才能当上航天员？

亦晗：中国空间站是什么样子的？它会一直存在吗？

幼儿的问题一个接着一个，充满着求知欲。为了解答这些疑惑，大五班的教师和幼儿一起探索未知，开展了班本活动“向星辰大海出发”。

班本活动海报

二、活动开展

（一）航天初了解

想要了解航天，首先要认识一个人，那就是中国航天之父、两弹一星元勋钱学森。

听老师讲述钱学森的故事

六六：钱学森爷爷可真厉害，他建立了中国第一个火箭、导弹研究所。

亦晗：对啊，还研制出了原子弹、氢弹、火箭等，真的太棒了。

嘉旭：火箭我知道，一点火“咻”的一下就升上天了。

梓潼：我们上次看的神舟十四号载人飞船就是由火箭带着升上天的。

皓月：可是，航天员到底是坐着神舟十四号载人飞船还是坐着火箭飞到太空的呢？

宸宸：航天员到了天上以后待在哪里呢？在天上干些什么呢？

为了解开幼儿疑惑，教师和幼儿一起进行了探讨，查阅了资料，观看了科普视频，了解了以下知识。

“长征”：中国的火箭，把航天器送上太空，探索宇宙。

“天宫”：中国的空间站，是航天科技的研究基地，推动航天技术的发展。

“神舟”：中国的载人航天飞船，载着航天员探索宇宙。

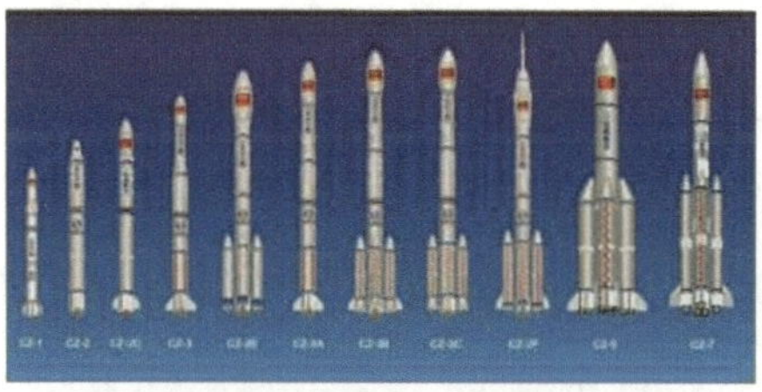

长征系列运载火箭图示

“天宫”空间站图示

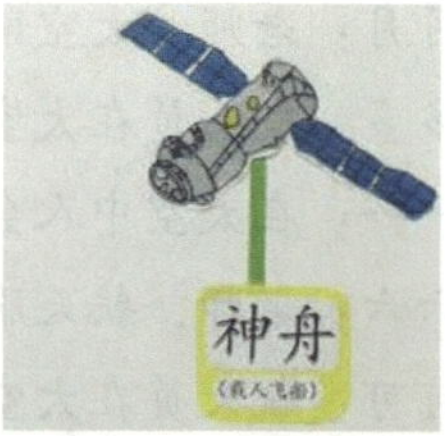

幼儿表征：神舟载人飞船

“天舟”：中国的货运飞船，负责向太空运送重要的物资，支持航天员的补给。

“天和”：中国空间站核心舱，是航天员生活和工作的空间家园。

“问天”“梦天”：中国空间站实验舱，是航天员进行空间生命科学实验和研究的地方。

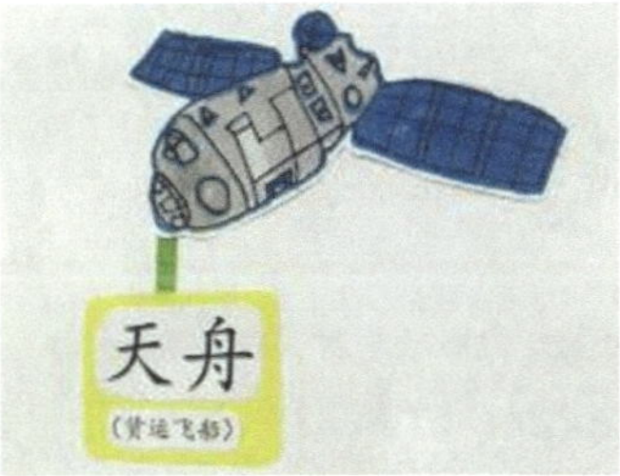

幼儿表征：天舟货运飞船

幼儿表征：天和核心舱

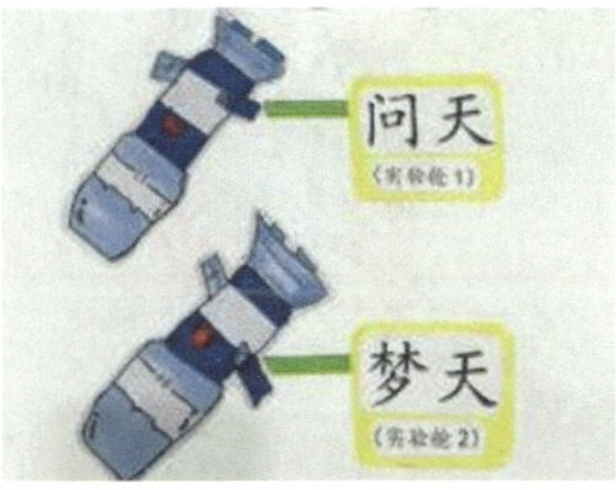

幼儿表征：问天实验舱和梦天实验舱

原来，这里面藏着这么多的学问呀，大家认为的“上天”并非只关于火箭和飞船那么简单。从上升到停留，每一个模块都至关重要，不可缺少。

基于浓厚的兴趣，幼儿尝试制作了火箭飞船，还和爸爸妈妈一起拼搭了长征号、空间站等航天模型，化抽象为具体，直观认识到了火箭的构造，进一步激发了探索兴趣。

自制航天模型

教师的思考：幼儿对航天的认知参差不齐，但一致的是，他们对航天有着无限的好奇心和求知欲。在幼儿产生兴趣时，教师可以给幼儿提供阅读、观看的材料及动手操作的机会，给予充分的材料支持，并适时引导。在幼儿初了解航天的过程中，一颗小小的科学的种子早已悄悄在他们心中萌芽。

（二）探秘航天员

1. 我们的调查

航天员有哪些？谁是中国第一个进入太空的？……幼儿有很多问题，并为此进行了大调查。

嘉旭：中国进入太空的第一人是杨利伟叔叔。

可可：费俊龙叔叔和聂海胜叔叔开创了多人多天飞行的历史。

呦呦：翟志刚叔叔是中国太空漫步第一人。

多多：景海鹏叔叔曾三次飞上太空。

圈圈：刘旺叔叔开创了中国人太空“开飞船”的历史。

祺祺：刘洋阿姨是中国首位女航天员。

芊芊：王亚平阿姨是中国首位太空教师。

通过调查，幼儿发现了不起的航天员有很多，我们国家的航天员多次乘坐航天飞船进入太空，克服千难万险完成了进入太空的使命。幼儿被航天员勇敢、无私奉献的精神深深地折服了。但是当一名航天员不是那么简单的，需要掌握很多的本领。

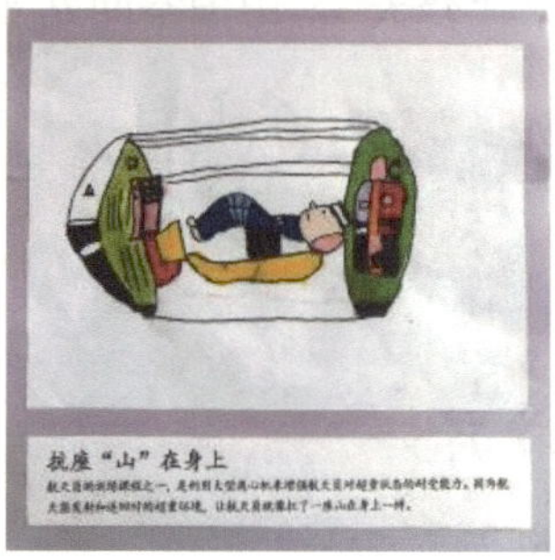

航天知识介绍

2. 解密航天服

航天员为什么要穿航天服？航天服和平时的衣服有什么不一样，有什么特殊功能？航天员的服装我们可以买到吗？

幼儿通过图书《太空旅行记》，发现原来航天服里藏着特别多的秘密。

舱内和舱外用的航天服

航天服的氧气供给功能

航天服的重量

舱内航天服

原来，航天服是航天员在太空执行任务时，为保障生命安全而穿着的特殊服装，包括舱内航天服和舱外航天服，是保障航天员的生命活动和工作能力的个人密闭装备。

教师的思考：教师及时捕捉幼儿的生长点，追随幼儿对太空活动的兴趣点，结合他们的已有经验和能力，对探秘航天员活动进行了资料收集、调研、讨论、思考、定位和整理。

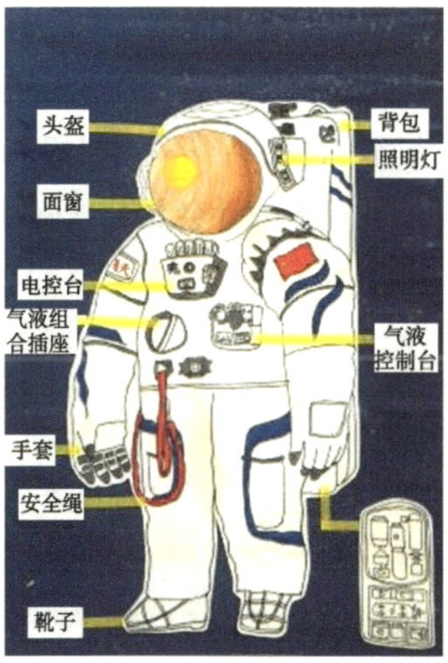

幼儿表征：航天服解密

（三）解密太空生活

幼儿都很好奇航天员到了太空要怎么生活。太空中还有很多神秘的地方，于是大家一起观看了《太空课堂》，还进行了空间站生活小调查。在太空中与在地球上有哪些区别呢？

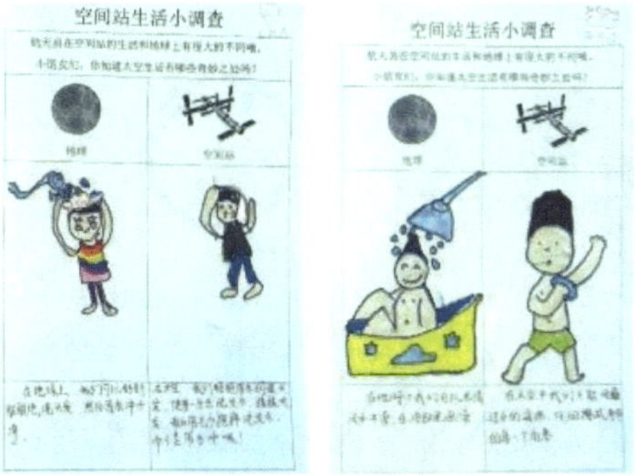
洗头和洗澡方式不同

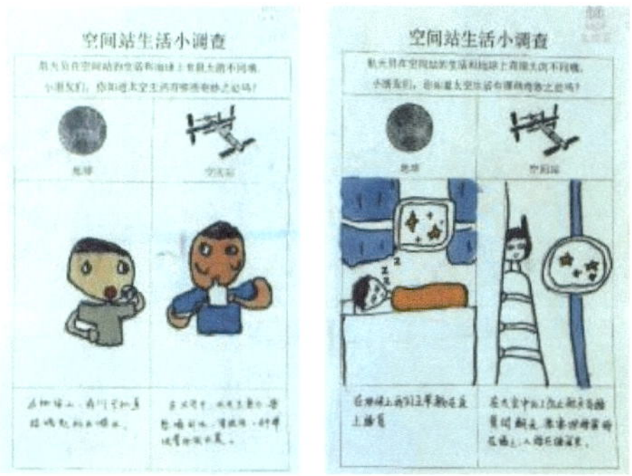
喝水和睡觉方式不同

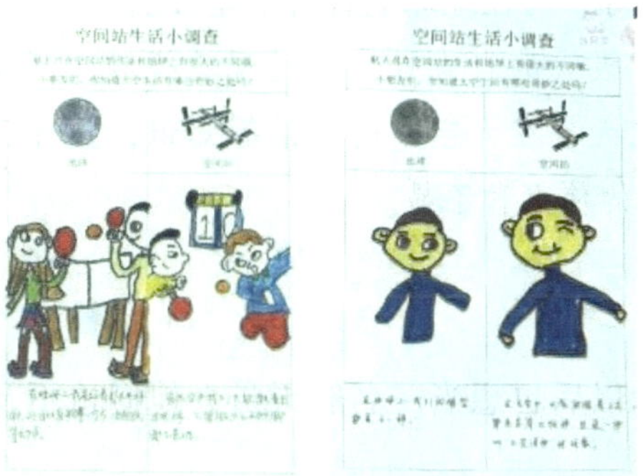
运动方式和脸型不同

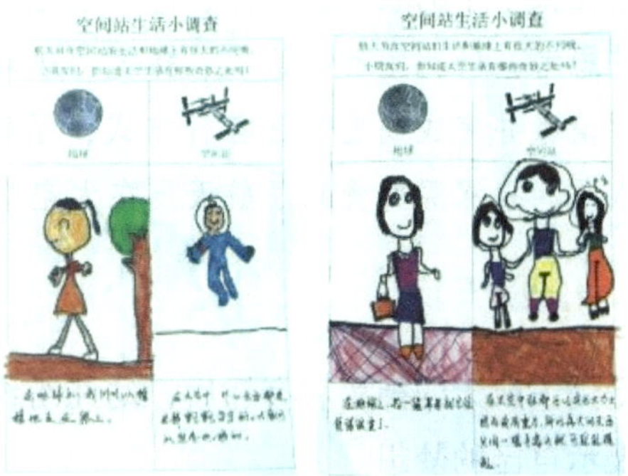
走路方式和重力不同

幼儿还搜集了一些科普小测验知识：

① 植物的生长需要阳光、空气和水分，在空间站里多栽培植物可以产生更多的氧气，同时培育蔬菜，也可以满足航天员的日常需要。

② 蜡烛的燃烧需要氧气，太空里是没有氧气的，如果在太空点燃蜡烛，会出现圆圆的火花，很快就熄灭了。

③ 由于人们在太空中都是飘着前进的，不需要像在地球上一样消耗很多能量，因此在太空待久了的航天员的骨骼和肌肉力量会渐渐变弱，力气也会变小。

④ 只有在水里，鱼才会生存，而太空中的水无法像在地球上一样汇聚在一起，除非把水聚集起

来固定在袋子里。

⑤ 蜘蛛结网需要借助地球的重力，而太空中是没有重力的，东西都飘浮在空中，即便蜘蛛能够结网，也会结得歪歪扭扭的。

⑥ 指南针会受地球磁场的影响，在距离地球比较近的太空空间站里，指针会指向地球的北部。

科普问题

航天员在太空中的衣、食、住、行、学习、运动等，与在地球上有着千差万别。

教师的思考：幼儿主动去认识、探究，表现出了极大的自主性，通过观看视频、阅读绘本、向家长和老师请教并完成调查表等各种方式，了解了航天员在太空中的生活等知识，提升了对航天工程的认识水平，也深深感受到了航天员在太空中工作的伟大和不易。

（四）我的航天梦

在感受到了航天的神秘和有趣后，幼儿纷纷表示以后也想当一名航天员，他们迫不及待地用自己的作品展示自己的梦想。

（1）作品一：我当航天员

制作航天员小人偶

（2）作品二：出发吧，小小航天员

制作航天粘贴画

（3）作品三：航天大探险

制作航天探险模型

（4）作品四：航天计时牌

制作航天计时牌

航天计时牌作品

（5）作品五：火箭大冒险

画火箭

（6）作品六：星际航行

制作星际航行场景模型

（7）作品七：宇宙大畅想

制作“宇宙大畅想”粘贴画

（8）作品八：外星人来啦

制作“外星人来啦”黏土场景

制作完成后，幼儿迫不及待地想要把这些作品展示给更多的人看，于是进行了展览馆布置，并邀请大家参观，向更多人介绍我们中国的强大。

布展与讲解

三、经验分享

此次班本活动，不仅激发了幼儿对航天事业的兴趣，还培养了幼儿热爱祖国、崇尚科学、敬畏自然之心，使他们感受到了中国航天的高光时刻，建立了社会情感。孩子是祖国的未来，是新时代的开拓者，也是航天精神的继承者和发扬者。

科学探索，永不止步，未来的星辰大海，由他们主宰！

墨写世界之童心稚趣、水墨雅韵

黄孙燕　李梦欢

一、活动缘起

开学初期，师幼共创区域环境时，天亿带来的毛笔和墨水引起了讨论。

点点：这是什么颜料？怎么这么臭啊！

天亿：这个是墨水，用来画水墨画的。

豆豆：水墨画？这么黑的颜料，画出来多难看呀！

天亿：才不难看呢，水墨画很漂亮的！

皮皮：我没见过水墨画，但是黑色画出来多脏呀，肯定不好看！

涵涵：我见过我姐姐画水墨画，很好看的。

恬恬：老师肯定知道。老师，水墨画好看吗？

在美工区发现墨水

老师：水墨画是中国传统的绘画形式，只用水和墨就能画出各种美妙的作品！

听了教师的回答，幼儿对水墨画更有兴趣了。《3—6岁儿童学习与发展指南》指出："要充分尊重和保护幼儿的好奇心和学习兴趣，帮助幼儿逐步养成积极主动、认真专注、不怕困难、敢于探究和尝试、乐于想象和创造等良好学习品质。"教师本着让"课程从儿童中走出来"的理念，顺应幼儿的需求，满足幼儿的好奇心，与幼儿一起敲开水墨世界的大门。

二、活动开展

教师分以下几个部分开展了整个活动，分别是"初探水墨""玩转水墨""展示水墨画"。以下是具体的活动一览图。

活动一览图

（一）初探水墨

1. 走近名家

水墨画是由水和墨调配成不同深浅的墨色所画出的画，是绘画的一种形式，也称国画、中国画。中国有很多特别厉害的水墨画家：齐白石、徐悲鸿、郑板桥、黄公望等。

欣赏了许多水墨画作品后，幼儿纷纷发出感叹：原来用黑色、灰色也能画出这么好看的作品，真是太神奇了。

集体欣赏名家作品

2. 走近“文房四宝”

这些好看的水墨画是用什么画出来的呢？

水墨画的主要作画工具就是“文房四宝”——笔、墨、纸、砚，它们也是中国特有的传统作画工具。

（1）笔

毛笔是水墨画的主要作画工具。通过看一看、摸一摸，幼儿发现毛笔是细细长长的，毛是软软的。

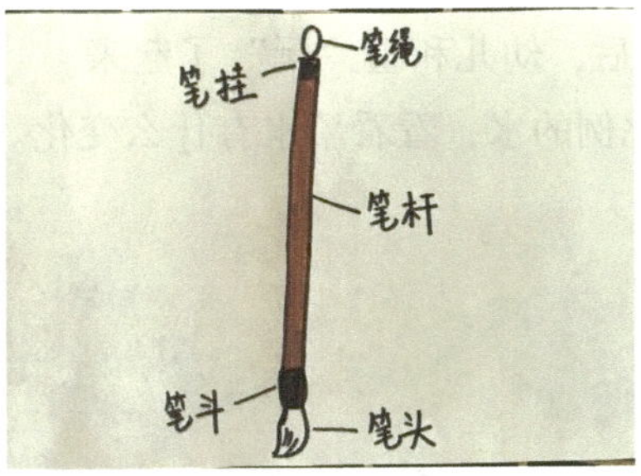

毛笔的构成

毛笔应该怎么拿呢？它和平时用的勾线笔、水彩笔的拿法都不一样。

教师借助儿歌引导幼儿更好地掌握毛笔的握笔姿势：我和毛笔做朋友，拇指食指把笔夹，再请中指压笔杆，无名指来把笔顶，小指也来帮帮忙，小手稳稳把笔拿。

集体学习握笔姿势

个别幼儿接受指导

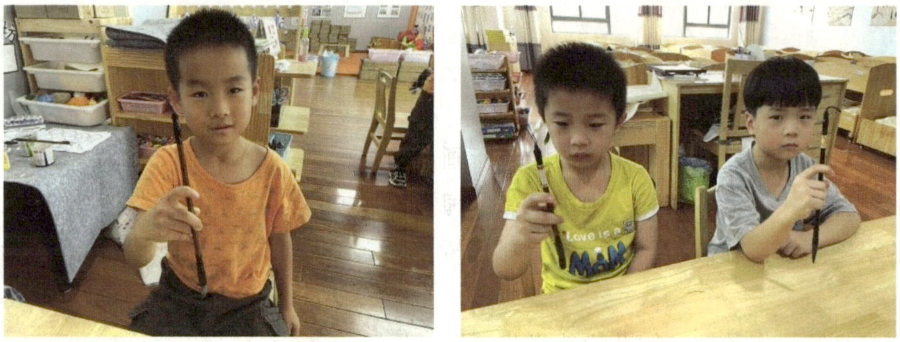

握笔展示

（2）墨

墨水是水墨画的重要颜料，现在的墨水是可以直接从瓶子里倒出来使用的，但在古时候可没有这么方便，古代的人们需要通过研磨砚台才可以得到墨水。

在欣赏水墨作品的基础上，幼儿提出了自己的疑问：为什么水墨画有的地方颜色深，有的地方颜色浅，而我们的墨水只是黑色的？

基于这个疑问，幼儿展开了讨论：为什么会出现浓淡不一样的墨色呢？

夏天：肯定是加了水！

没错，秘诀就是水，通过加入不同比例的水，可以将墨水调成不同浓淡的墨色，从深到浅依次是焦墨、浓墨、重墨、淡墨、清墨。

了解了这么多关于墨水的知识后，幼儿和墨“玩”了起来。

① 调墨：在墨水中加入不同比例的水，看看墨水有什么变化。

调墨并生成记录表

② 滴墨：语言区的绘本《点点》激发了幼儿的创作兴趣：让毛笔吸饱墨水，让墨水滴自由滴在白纸上，咦，这个点点大，那个点点小，再来些不同深浅的点点，天空下起了墨水雨。

滴墨

滴墨作品展示

③ 吹墨：将几滴黑色的墨水滴在洁白的纸上，用嘴对着墨水吹气，水滴就慢慢生发出一根根粗细不一的枝条。幼儿还发现用的力度、吹的方向不一样，所呈现出来的枝条各不相同。

吹墨

吹墨作品展示

④ 泼墨：户外艺术区太适合玩墨水了，把墨水调成不同的深浅，随意泼洒在纸上，就成了泼墨作品了。

泼墨

泼墨作品展示

⑤ 水墨拓印：在清水中滴入墨水，轻轻搅动，把纸放进去吸足墨水，再小心地拎起来，又会是什么样子的呢？

有的像一座座山，有的像一条小河，有的像一片乌云。

拓印

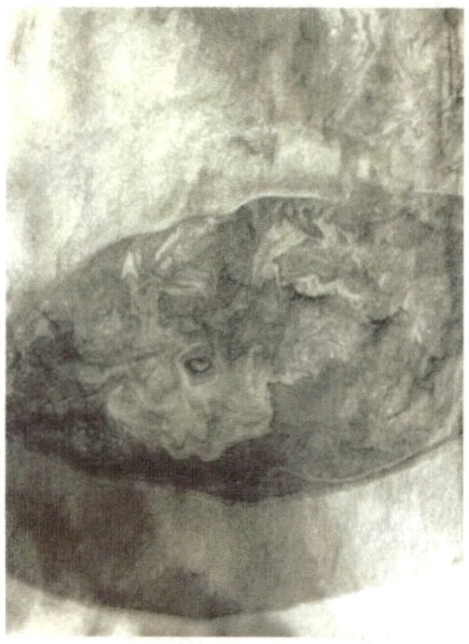

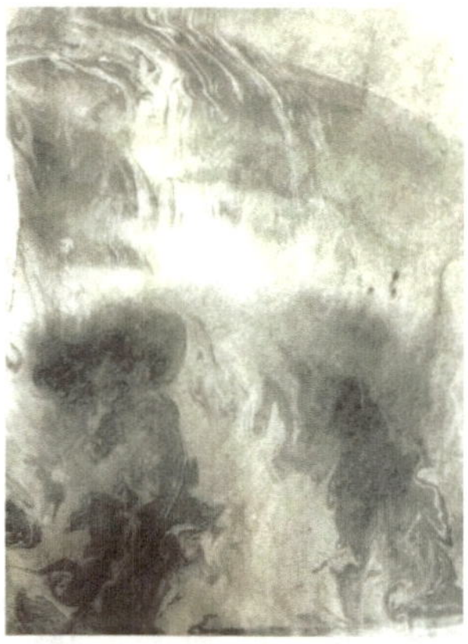

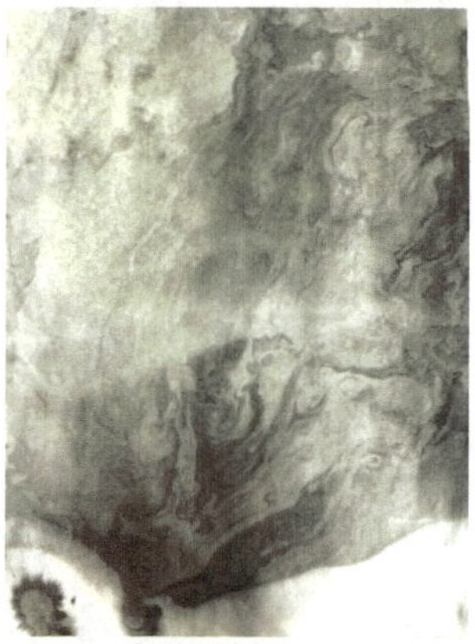

拓印作品

（2）纸

创作水墨画用的纸是宣纸，宣纸和普通的画纸有什么不一样呢？带着这样的疑问，幼儿在科学区进行了探究。通过看一看、摸一摸，幼儿发现宣纸比普通的纸更薄、更软。

自由探索与交流发现

宣纸是怎么制作出来的呢？首先，要制作纸浆。用树皮和稻草做原料，并经过反复的浸泡、清洗、蒸煮、淹沤、发酵。通过长期的日晒雨淋对皮料和草料进行自然漂白上色，并将漂白后的皮料和草料制作成皮料浆和草料浆，按照不同的比例混合形成纸浆。其次，在纸浆中添加纸药。最后，纸浆工人通过捞纸、晒纸、剪纸等工序制作出宣纸。

（二）玩转水墨

1. 初探

了解了这么多关于“文房四宝”的知识后，幼儿迫不及待想要尝试一下了，开始了第一次自由创作。

自由创作

创作完成后，教师带领幼儿对他们的作品进行了展示、评析、归类。

在展示过程中，幼儿发现，作品可以大致分为三类：房屋类、动物类、风景类。这些作品中有的线条特别粗，甚至就是一大块黑色，有的线条比较流畅、粗细适中。于是，教师请幼儿来分享自己作画的经验。

幼儿作品展示

老师：为什么你的作品上有一大块黑黑的呢？

周祺峰：我本来想画一个圆圈，但是我把毛笔放在纸上，它里面的墨水就跑出来了，就变成这样一块大黑点了。

老师：那你们觉得为什么会变成这样呢？

翊翊：应该是蘸的墨水太多了。

恬恬：我觉得还可能是他太用力了。

老师：那怎样才能画出我们想要的线条呢？

淏淏：我有的时候是轻轻地画，这样画出来的线条就比较细，有的时候画得用力一点，这样画出来线条就比较粗。

除了轻轻地、用力地画，还有什么好办法能让作品更加美观呢？

基于幼儿的疑问，教师带领幼儿查阅了资料，发现水墨画是有特殊的运笔技巧的。

中锋：让笔杆垂直，与纸成 90 度，笔尖正好在墨线的中间。

侧锋：将笔杆放平或倾斜，笔尖在墨线的一侧。

顺锋：按照自然书写习惯行笔，一般指从左往右、从上到下。

逆锋：与自然书写习惯顺序相反行笔，一般指从右往左、从下到上。

幼儿讲述

藏锋：笔锋要藏而不露，笔尖含蓄，力透纸背，画出来的线条有顿感。

露锋：笔画收尾处有明显的笔痕，像有一个尖角。

幼儿还用自己看得懂的方式画出了不同的运笔技巧。

尝试不同的运笔方法

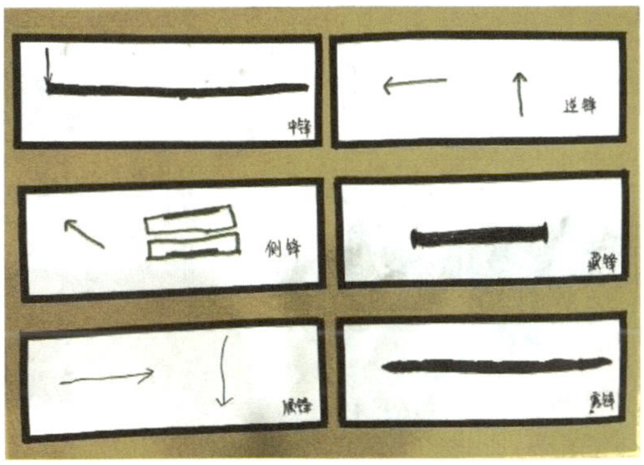

幼儿表征：运笔技巧

幼儿还发现，毛笔使用过后套在笔套里，下一次拿出来用的时候，笔头的毛都炸开了，于是大家开始一起思考其他收放毛笔的方法。

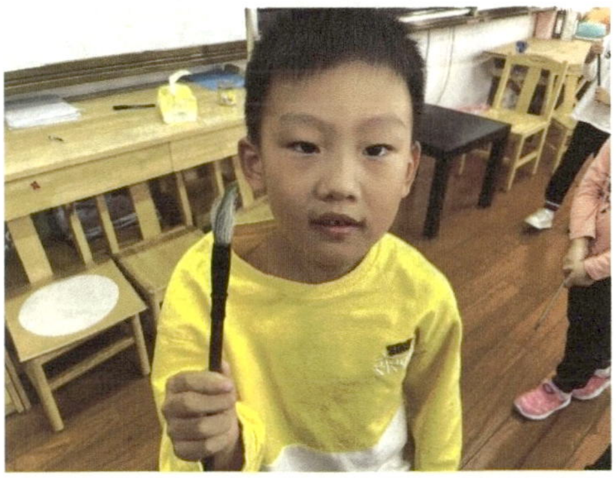

发现毛笔炸毛

宸宸：我们可以像老师那样把毛笔挂起来。

天亿：我家里有一个笔架，我可以带过来。

可是一个毛笔架最多挂 8 支毛笔，班级里一共有 41 个小朋友，每人都有一支毛笔，不够放呀。木工坊的小朋友提出：可以去木工坊做毛笔架。大家都觉得这是一个好办法，于是木工坊的幼儿自己设计，制作了毛笔架，解决了班级毛笔的存放问题。

欣赏毛笔架

在木工坊制作毛笔架

做切割标记并切割

组装毛笔架

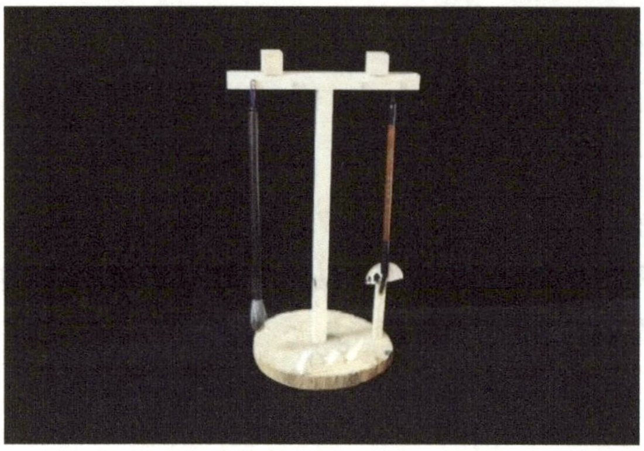

毛笔架展示

2. 我们的创作

在了解了运笔技巧后，幼儿在区域游戏和小组活动中开展了水墨画创作活动。

创作并展示水墨画

淏淏在美工区画的竹子，受到了大家的好评。

桐桐：淏淏，你画得真好看。

苏苏：哇，淏淏，你可以教教我吗？

小哲：我也画了竹子，我的竹子好粗，叶子也好粗。

听到幼儿的讨论后，教师针对竹子作品开展了集体的展示、讲评活动，并请淏淏来介绍自己的画法。

淏淏：竹子是一节一节的，每一节头上和尾巴那里都稍微要粗一点，可以用藏锋的方法来画。

老师：那竹叶呢？

淏淏：竹叶的下面是尖的，画的时候先压下去，再把毛笔往上一提，就能画出尖尖的角了。

画竹子

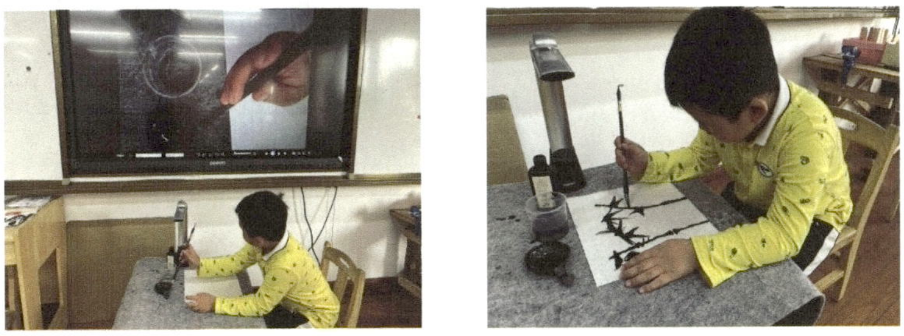

幼儿示范自己的画法

教师带领幼儿再次欣赏了郑板桥画的竹子，幼儿发现越往上竹竿越细；竹子是交错生长的，有的往右边长，有的往左边长，有的高，有的低；竹叶的朝向为两片一组，像一个“人”字；近处的竹子墨色比较深，远处的竹子墨色比较浅。

集体欣赏郑板桥画的竹子

在绘画的时候还要用到学过的笔法技巧，用藏锋的技巧画一节一节的竹竿，用中锋和露锋的技巧画竹叶。画的时候要注意好力度，用笔尖轻轻地画能够画出很细的竹节，稍微加重一些就能画出较粗的竹节。

作品展示

（三）展示水墨画

画了这么多好看的水墨画，光自己欣赏太可惜了，幼儿提议要在幼儿园的展览馆里展示自己创作的水墨画，让其他幼儿也来了解水墨画的奥秘和美妙。

于是，教师带领幼儿进入展览馆勘察场地，绘制了布局图，幼儿对如何布置展览馆提出了自己的想法。

了解展览馆布局

表达自己的想法

一诺：这里的凹槽可以挂一些我们的作品。

佑佑：边上的墙面有很大的地方，可以贴很多我们的作品。

老师：展览馆里除了展示作品，还能展示些什么呢？

恬恬：我觉得可以放一些毛笔、宣纸、墨水，让其他班级的小朋友知道水墨画是用这些画出来的。

夏天：还可以放一些水墨画大师照片，让其他小朋友也认识一下这些水墨画大师，如齐白石、徐悲鸿。

老师：那一体机上可以放些什么呢？

涵涵：可以放一个展示运笔技巧的视频，让别的小朋友也能学习一下运笔。

幼儿根据想法，确定了展览馆的展示内容和布局，主要分为作画工具区、名作欣赏区及作品展示区。教师带领幼儿一起布置了展览馆。

布置展板

将展板运送到展览馆

粘贴展板　　　　摆放毛笔架

张贴自己的名字

展览馆布置好了，怎么让其他班级的小朋友、老师也来参观呢？

多米：我们也可以制作邀请卡呀，以前我就收到过大班哥哥姐姐的邀请卡。

于是，幼儿一起设计了邀请卡，去各个班级送邀请卡，请其他人来参观展览馆。

绘制及发放邀请卡

三、经验分享

在探索水墨画的过程中，教师追随幼儿的脚步，充分创造条件和机会，让幼儿感受和体验水墨画独特的美，而幼儿用水墨画大胆表现自己的想法，体会到了中国传统艺术的魅力。

水墨画是中国的传统绘画艺术形式之一，对于水墨画的探索学习，师幼还在继续，师幼的故事也还在延续，我们相信幼儿在未来的探索学习中能够有更多的发现，会对水墨画的创作更加有兴趣，也会更好地弘扬中国传统文化。

线·想

何晓雯　秦　黇

一、活动缘起

阳春三月，元和幼儿园大三班开展了“惊奇一线”主题活动。通过问卷调查、材料收集、游戏开展，幼儿对线的特征和作用有了深层次的了解。他们发现生活中到处充满了奇妙而有用的线：缝衣服的线、打毛衣的线、电话线、电灯线……“线条”也无处不在：双手合抱可以围成一个圈，一根线重新摆弄一下可以形成三角形，门和窗也可以看成是由四个线条构成的方形，而自己的身体本身就有很多直的、弯的线条。

主题活动结束后，幼儿对“线”的兴趣只增不减，在每次区域活动中，总会用线去创作。基于幼儿的兴趣，大三班又开展了主题延伸活动——“线·想”，利用幼儿收集的各种各样的线，开展了丰富多样的艺术创作活动。

二、活动开展

1. 木工区

幼儿在废旧的木板上绘制各种造型，然后敲一敲、钉一钉，让图案“站立”起来，再用收集来的各种线条，进行有规律的缠绕，使作品既精致又美观。

在木板上敲一敲、钉一钉

装饰作品

2. 美工区

每个幼儿都是活动中的小主人。在一张小小的刮画纸上，幼儿用线描的方式，展现了别具风格的“花瓶”等。

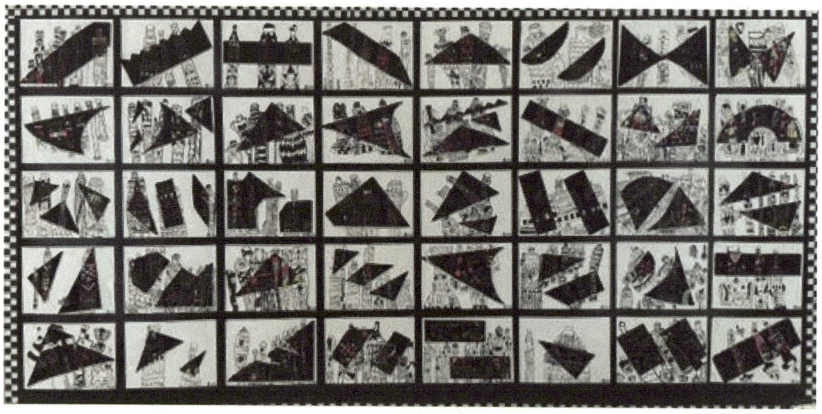

美工区作品展示

幼儿在学习活动中，会用到各种线做装饰。在美术活动中，他们用线描的方式绘画了城市中各种各样的房子，一个个房子组合在一起就成了一幢幢高楼大厦。

轩轩：我们的城市里除了房子还有许多东西呢，我们可以再画一些其他东西进行装饰。

乐乐：要不我们画一些交通工具吧！

迪迪：我觉得可以画……

萱萱：我们还要画一幅背景图，画马路，画房子周围的树木……

于是，幼儿结合生活经验，绘制了各种各样的小车，绘制了马路及周边环境，并将它们组合在一起，就如汽车穿梭在城市的大街小巷。

绘制背景图——“大街小巷”

老师：孩子们，除了藏起来的马路是线，生活中还有许多藏起来的线哦！你们知道吗？

滕滕：老师，我们生活中哪里有藏起来的线？我想知道。

欢欢：老师，我也想知道，线藏在哪里了？

轩轩：我们的线描画就是由各种不同的线组成的，我觉得线就藏在我们的画中。

老师：是的，我们平时绘制的各种线描画作品中就藏着各种各样的线，那你们知道有哪些线呢？

睿睿：老师，我认识波浪线、折线、竖线。

馨仪：老师，我知道城墙线、电话线、螺旋线。

沐熙：我认识弧线，还有一些你教我们的点线组合。

其实，线还隐藏在水果中、蔬菜里，从不同的方向、不同的切面看，就能发现许多未曾注意到的线条造型，别有一番风味。

墙面布局

3. 生活区

除了用收集起来的各类线进行木工作品的缠绕外，幼儿还结合区域操作材料，在生活区进行了一系列的创作。

开展毛线戳戳绣活动

开展创意编织活动

幼儿通过调查了解到毛根十分柔软，中间是一根铁丝，可塑性强，扭一扭，变一变，就可以做出很多好看的毛根作品。结合毛根的特点，幼儿进行了一场手工活动——百变扭扭棒。

用毛根编织

各种各样的毛根作品展示

一天，一个幼儿带来了一个刺绣作品，大家被它漂亮的图案深深吸引了，都好奇画面上用的是什么线。基于此，幼儿通过教师讲解、调查，初步了解了苏绣历史和四大名绣的特征：苏绣最早记载于春秋时期，至今已有2000多年的历史，苏绣作品巧夺天工，其技艺特色可用“平光齐匀、和顺细腻”八个字概括；湘绣是湖南地区刺绣产品的总称，针法独特，讲究色彩均匀调和，形象生动逼真，风格豪放，惟妙惟肖；粤绣是广绣和潮绣的总称，风格绮丽浓艳、生动写实，以前很多官服的浮垫都出自粤绣；蜀绣是四川地区刺绣产品的总称，针法高达100多种，以细腻光整的针法和鲜亮饱满的色彩著称，名满天下。

幼儿对四大名绣有了初步的了解后，进一步激发了对线的各类艺术创作欲望。

4. 户外艺术区

源于“线·想”主题，为了帮助幼儿进一步加深对线的认识，教师在艺术区布置了“线·艺术家”的版面内容，向幼儿介绍了两位优秀的当代艺术家。一位是中国当代著名画家吴冠中，他的代表作有《长城》《春如线》《残荷新柳》等，他用抽象构成的水墨笔法画遍大江南北；另一位是杰克逊·波洛克，他是一位抽象表现主义艺术家，来自美国，他用滴画法这种独特的绘画方式创造出一个抽象的色彩世界。

画白桦林

画“春如线”

在扎染的布条上，线是必不可少的工具，不同的扎法能够呈现出不同的艺术效果，在户外艺术区——扎染区，幼儿进行了扎染探索。

探索扎染

5. 金星坊

在金星坊，幼儿利用金属线制作了创意花托和调皮的“跳跳偶”。

锯木头

用沙皮纸打磨

用钻床打孔

木工作品展示

6. 土星坊

线条在陶泥作品中有其他的呈现方式。在土星坊，幼儿将陶泥搓成长条，制作了帆船、乌篷船，还制作了花盆、肥皂盒。

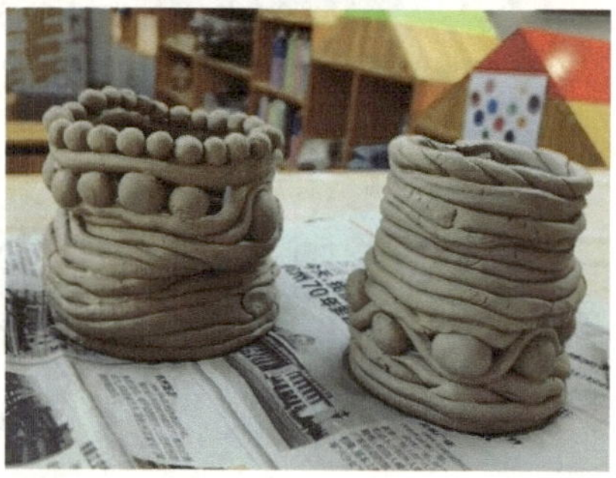

制作花盆

制作乌篷船

7. 展览馆

随着作品的逐步丰富，幼儿在展览馆进行了专题布展活动，还制作了邀请函，邀请老师、小朋友、家长来参观。

展览馆主题板

展览馆布局

给老师送邀请函

向老师讲解展览内容

向同伴介绍展览馆

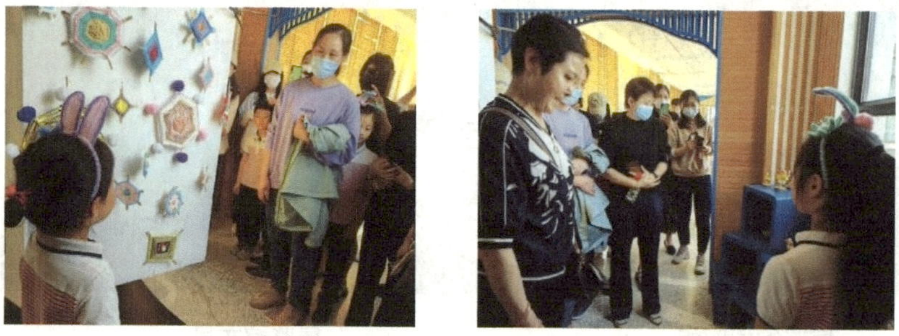

向家长介绍展览馆

土星坊作品展示

木星坊作品展示

三、经验分享

幼儿在创作各种线条作品时，不仅要手眼协调，而且要兼顾作品的美观。在线条创作活动中，幼儿能够提升手部的控制能力，体验绘画的乐趣。

在这次生成活动中，幼儿结合自己的生活经验，将线和绳子的玩法发挥到了极致，提升了动手操作能力，增强了创造力和想象力，同时丰富了生活经验，激发了探索未知事物的兴趣。

从点开始

顾朝越　袁梦怡

成千上万的点，拼成一幅幅画面；
成千上万的点，汇成一片片光彩。

一、活动缘起

散步时，幼儿走过中一班，看到了墙上漂亮的南瓜点点装饰。

海洋：这样的南瓜装饰好漂亮啊！

一一：我好像在哪里看过这样的作品。

欣欣：这是谁的作品呀？

乐乐：妈妈跟我介绍过，这是“波点奶奶”草间弥生的作品，我最喜欢她的作品了。

老师：那这到底是不是“波点奶奶”的作品呢？我们一起去问一下中一班的胡老师和小朋友们吧！

……

老师：原来真的是她的作品，中一班的老师和孩子们用波点创设了班级环境。

胡澍：我也想用这样的点点去装饰我们的教室。

老师：我们的展览馆还空着呢，我们可以用这样的波点装饰我们的展览馆，你们觉得怎么样？

发现并欣赏南瓜点点装饰

询问中一班老师

教师思考：《幼儿园教育指导纲要（试行）》明确指出，教育活动的内容要既贴近幼儿的生活来选择幼儿感兴趣的事物和问题，又要有助于拓展幼儿的经验和视野。教师应抓住幼儿强烈的好奇心，以及对新事物愿意尝试探索的欲望，并结合本班幼儿的年龄特点开展相关学习活动。

二、活动开展

1. 认识“波点奶奶”

幼儿一起查阅资料了解“波点奶奶”。

查阅书籍

“波点奶奶”草间弥生是当今极具影响力的艺术家之一，被称为“世界的波点女王”。在认识“波点奶奶”后，幼儿一同欣赏了“波点奶奶”的代表作。

浩辰：“波点奶奶”画了好多的南瓜。

浩宇：南瓜上装饰的点点大小不同，颜色也各不一样。

颂颂：我发现“波点奶奶”除了喜欢画南瓜外，还喜欢画不同种类的花朵。

一一：她喜欢把各种东西都用点点装饰。

嘉嘉：我发现有的点点是装饰在平面上的，有的点点是装饰在立体的东西上的。

老师：是呀！你们观察得真细致，“波点奶奶”最喜欢画南瓜了，她认为无论从哪个角度看南瓜，南瓜都是非常完美、有趣和可爱的，每次看它时都会有新发现。

在了解完“波点奶奶”后，幼儿对波点非常感兴趣，他们又自发在爸爸妈妈的协助下了解了更多的画点点大师。

欣欣：我知道我们中国也有很多画点点的大师，我认识了画家陈学良先生，他的泼墨点彩山水画特别著名。

小澍：我了解了中国当代著名书画家——蔡立群先生，他的点彩蔬果画也很厉害！

2. 制订创作计划

欣赏名家作品，激发了幼儿的创作欲。要创作什么？怎么创作？需要用到哪些材料？这些作品装饰在展览馆的什么位置呢？教师向幼儿抛出了这些问题。幼儿通过儿童会议的方式，讨论了起来，在讨论的过程中一同做出决策并制订了创作计划。

讨论怎么创作

幼儿：我们可以把“波点奶奶”画下来。

老师：画在哪里呢？

幼儿：画在铅画纸上！可以先裁下一样大小的铅画纸，再用水彩笔画在上面。

幼儿：马赛克也是点，我们可以用班级里的马赛克玻璃来装饰。

老师：你说得很对，我们用它来装饰什么呢？

幼儿：装饰在瓶子上怎么样？

幼儿：我觉得可以。

幼儿："波点奶奶"喜欢画各种用点点装饰的花朵，我们也想用黏土制作不同造型的花朵来装饰纸盘。

幼儿：纸盘和黏土，后面材料柜里正好都有。

幼儿：还可以用海绵印章拓印点点。

幼儿：不行，不行，拓印也太简单了，我们都是大班哥哥姐姐了，要挑战点难度更大的。

幼儿：我也赞同你说的。

幼儿：南瓜是"波点奶奶"最喜欢画的，我们也想来做做南瓜。

老师：可以怎么制作南瓜呢？

有幼儿想到以前画过的点彩画，觉得可以拿水彩笔用点彩的方式画南瓜或者进行南瓜写生。除了画南瓜外，他们还想用点彩的方式画一画其他的蔬果。

老师：除了画南瓜，你们还想尝试用什么材料做南瓜呢？

幼儿有的想用黏土捏南瓜造型，有的想在土星坊用陶泥做南瓜瓷器。

老师：瓷器比较容易碎，展览馆的展台是高低不平的，该怎么摆放展示才能安全牢固呢？

幼儿：我们可以去木工坊做个架子，摆放起来就牢固了。

幼儿：我觉得大家的想法都很棒，而且材料都有，可以创作！

老师：那我们把这些计划用绘画表征的方式记录下来吧！

画思维导图

教师的思考：幼儿有自己的话语权，有自己的表达权，教师通过儿童会议能听到更多幼儿的声音。每个幼儿都是独一无二的，教师要尊重幼儿在发展水平、能力、经验、学习方式等方面的个体差异，因人施教，努力使每一个幼儿都能获得满足感知成就感。采用儿童会议的方式，正是对幼儿天性的顺应，是对"幼儿在前，教师在后"理念的落实。

幼儿做选择

3. 开始创作

幼儿通过探讨有了决策，并开始付诸行动。

有的幼儿选择装饰马赛克玻璃瓶子，有的幼儿选择画"波点奶奶"画像，其余幼儿也都选择了自己想要创作的内容，如装饰纸盘花朵、创作小南瓜陶艺作品等。他们分小组进行了创作。

选择结果

幼儿开始分小组进行创作。

① 画“波点奶奶”画像：

画“波点奶奶”画像

② 进行马赛克玻璃装饰：

进行马赛克玻璃装饰

③ 制作纸盘黏土造型：

制作纸盘黏土造型

④ 画点彩蔬果画：

画彩蔬果画

⑤ 制作南瓜陶艺作品：

制作南瓜陶艺作品

⑥ 制作陶艺作品展示架：

制作陶艺作品展示架

⑦ 画点彩风景画：

画点彩风景画

⑧ 画点点装饰画：

画点点装饰画

⑨ 进行南瓜写生：

进行南瓜写生

4. 评价

创作完成后，幼儿一起欣赏了各小组的作品，对作品进行了自评、互评，教师也进行了评价。

“你们组把五颜六色的马赛克装饰在瓶子、小碗上可真漂亮呀。”

“悠悠，你装饰的瓶子上的这朵绿色的小花是怎么拼出来的呢?”

“我先把一个绿色的等边三角形正着放，再用一个同样的三角形倒过来拼在一起，不断重复就完成了。”

“我做的杯子的装饰也很漂亮，我是用有规律的颜色和形状进行粘贴组合成的。”

“这个由4个小三角形尖尖朝外拼成的图案好特别!”

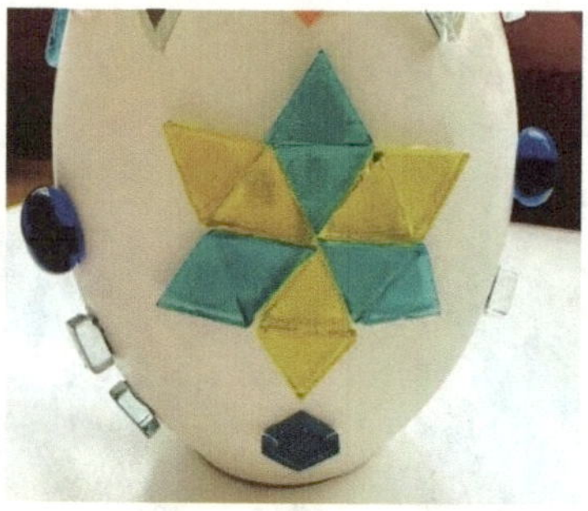

幼儿作品展示

“他们组的纸盘黏土花朵绘画各不一样，纸盘空间也利用得很合理，我喜欢他们组的作品。”

“这一组画的南瓜写生太棒了，长的南瓜，扁的南瓜，橘色的南瓜，黄色的、褐色的南瓜都画出来了！”

“我喜欢我们做的陶艺点点南瓜，它可以当储物罐，又好看又实用！”

“这些展示架放我们制作的小南瓜正合适！”

“在制作陶艺作品展示架的时候，我发现两根支撑钉得不一样长，但是我和同伴想办法解决了这个问题。”

“如果陶艺南瓜上的点点涂得再均匀一些、再深一些、再大一些，那就更漂亮了！”

作品评价

教师思考：每个幼儿心里都有一颗美的种子。幼儿艺术领域学习的关键在于充分创造条件和机会，使幼儿萌发对美的感受和体验，丰富其想象力和创造力，引导幼儿学会用心灵去感受和发现美，用自己的方式去表现和创造美。大班幼儿以具体形象思维为主，也开始从具体形象思维向抽象逻辑思维过渡，这时期的幼儿对按大小、颜色、形状等规律排序已经很熟悉了，在进行拼贴创作时，幼儿会自主地按照自己喜欢的规律进行拼贴，创造出来的作品也更出彩。

完成创作后，幼儿对这些作品进行了欣赏与评价。幼儿是学习的主体，也是评价的主体。他们在自评、互评和反思中，能更好地发现自己作品的特点，树立自信心，也让教师在了解这些作品的基础上更好地去解读他们心中的秘密。

5. 布展

崽崽：那我们的展览馆叫什么名字呢？

小胖：南瓜点点世界。

乐乐：叫“波点世界”。

一一：叫“从点开始”怎么样？

最终幼儿通过投票，选定了展览馆的名称——“从点开始”。

幼儿布展

三、延伸活动

关于点点的活动还没有结束，在其他区域，幼儿也和“点点们”一起做了游戏。

在科学区，幼儿制作了点点视觉测试图。此外，地图上有许多地点，这些地点之间在地图上的距离是多少呢？幼儿用回形针、尺等工具进行测量并进行了记录。

制作点点视觉测试图

在益智区，幼儿玩了很多和点点有关的游戏，如五子棋、猫抓老鼠棋、点格棋、“瓶盖趣多多”、“一笔连成”等。

玩益智游戏

在语言区，幼儿把自己讲的故事用二维码的方式记录了下来，扫一扫就能听他们讲故事。在生活区，幼儿一起学习了串纽扣。

学习串纽扣

三、经验分享

自点点系列活动开展以来，幼儿对生活中的点点保持着一种持续关注和探究的兴趣，这就是开展点点系列活动的目标和初衷。教师和幼儿一起把他们感兴趣的游戏，“开枝散叶”地玩下去……

《3—6岁儿童学习与发展指南》指出，要“珍视幼儿生活和游戏的独特价值，充分尊重和保护其好奇心和学习兴趣”。回顾幼儿的探究旅程，幼儿从点出发，探秘点点的创作，趣玩各种点点游戏，在观察、探索、操作和交往中获得了多感官的体验。

弘扬传统文化，体验汉服之美

徐燕晴　宋　玥

汉服的全称是“汉民族传统服饰”，又称衣冠、衣裳、汉装，是从黄帝即位到明末清初，在汉族的主要居住区，以“华夏—汉”文化为背景，以华夏礼仪文化为中心，通过自然演化而形成的具有独特汉民族风貌性格，明显区别于其他民族的传统服装和配饰体系。它是中国“衣冠上国”“礼仪之邦”“锦绣中华”的体现，承载了汉族的染、织、绣等杰出工艺和美学，传承了30多项中国非物质文化遗产及受保护的中国工艺美术。

一、活动缘起

在一次美术集体活动“多彩的服装”中，教师带领幼儿欣赏了很多民族服装，并引导幼儿通过观察将一些民族元素表现在自己的绘画中。活动后，幼儿对民族服装产生了浓厚的兴趣。在美工区，每天都有幼儿创作自己喜欢的民族服装。基于幼儿的兴趣，教师围绕“民族”投放了一些材料，如在语言区投放了很多关于民族的书籍，在科学区投放了民族分布图，在美术区投放了有关民族的图片、制作民族服饰的材料，等等。在开展了一系列游戏活动后，很多幼儿对于自己的民族——汉族产生了兴趣，他们在语言区讨论自己的汉服是什么样子的，在什么地方买的，还讨论汉服上的各种花纹、装饰等，多个幼儿的讨论引发了全班幼儿的兴趣。基于幼儿的兴趣及已有经验，大一班的教师们进行了班本课程审议，想通过幼儿的兴趣点，更深层次地挖掘汉服知识，在使幼儿获得新知的同时弘扬了中国传统文化。

二、活动开展

通过班级课程审议，教师确立班本活动的主题为“汉服之美”，同时预设了班本活动网络图。

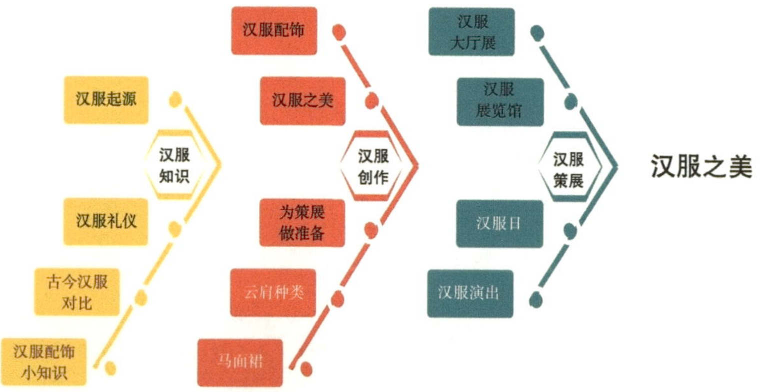

“汉服之美”班本活动网络图

主题活动如表 3 所示。

表 3 “汉服之美”主题活动一览表

活动顺序	活动名称	领域	集体活动	区域活动	日常活动	亲子活动
活动 1	民族	社会	①			
活动 2	民族有哪些	社会	②		①	
活动 3	七月火把节	音乐	③			
活动 4	博物馆之旅					①
活动 5	了解民族					②
活动 6	蒙古包			建构区		
活动 7	民族服饰			美工区		
活动 8	壮族服饰			美工区		
活动 9	汉服娃娃	社会	④			
活动 10	手绘汉服	美术	⑤			
活动 11	民族绘本			语言区		
活动 12	汉服时光机	社会	⑥			
活动 13	汉服的历史				②	
活动 14	你知道的云肩				③	
活动 15	中国民族分布图			科学区		
活动 16	汉服设计			美工区		
活动 17	汉服礼仪	社会	⑦			
活动 18	古今汉服					③
活动 19	汉服发饰			美工区		
活动 20	汉服配饰我知道				④	
活动 21	马面裙	美术	⑧			
活动 22	四合院			建构区		
活动 23	汉族娃娃			美工区		
活动 24	手机支架	陶艺	⑨			
活动 25	饰品展示架	木工	⑩			
活动 26	云肩之美	美术	⑪			
活动 27	策划汉服展览馆	社会	⑫			
活动 28	汉服日计划				⑤	
活动 29	中华民居			建构区		
活动 30	云肩之美			美工区		
活动 31	汉服日	综合	⑬			
活动 32	制作汉服			生活区		
活动 33	马面裙纹理画			美工区		

续表

活动顺序	活动名称	领域	集体活动	区域活动	日常活动	亲子活动
活动 34	为展览馆做准备			美工区		
活动 35	饰品展示架			木工区		
活动 36	布置展览馆	美术	⑭			
活动 37	设计邀请函			美工区		
活动 38	介绍展览馆	社会	⑮			
活动 39	向左走，向右走	数学	⑯			
活动 40	小松鼠捡松果	数学	⑰			
活动 41	猜猜有几颗种子	数学	⑱			
活动 42	落叶分类	数学	⑲			

教师开展了为期一个月的活动。在活动开展的过程中，围绕汉服的变化，幼儿又有了新的兴趣点，他们对古今汉服的不同进行了深入了解，还和爸爸妈妈一起查阅了很多资料，对比古今汉服的不同。通过师幼调查研究，幼儿了解到汉服的变化主要发生在唐代、五代十国、宋代、明末清初，并且他们也对这些朝代汉服的特点进行了大调查。

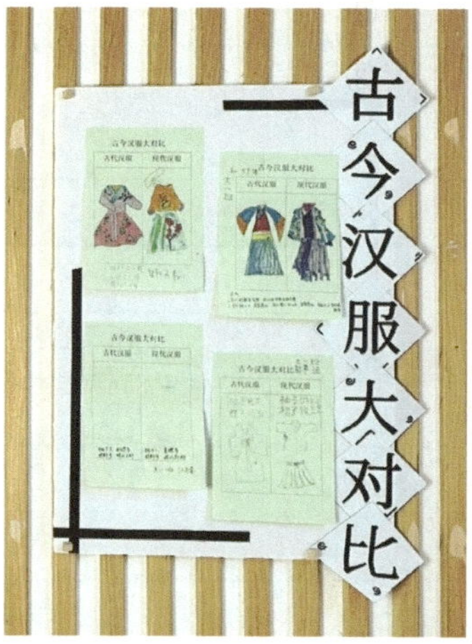

“古今汉服大对比”调查

孟梓淇：我们发现古今汉服的设计元素不同，古代汉服的设计元素更多的是源于自然环境，比如花草树木等。现代的汉服大多是日常的风格。

夏韦祎：现代汉服的设计风格与古代不同。以前的汉服没有口袋这个设计，但是现代人会加一个袖口暗袋的设计，以方便装一些小物件。

谢子芯：传统的汉服设计，特别是在明代，为了预防寒冷，领子很高，几乎可以包住整个脖子，而现代汉服是很浅的领口。

许彦哲：古代汉服颜色比较单一，现代汉服加入了更多颜色，更加时尚。

宋老师：不管是古代的汉服还是现代的汉服，都是我们中国的文化瑰宝，汉服是在不断变化的。

李昶霖：是的，汉服的变化主要发生在唐代、五代十国、宋代、明末清初。

邵诗婷：在唐代，人们喜欢胖胖的女人，她们有简单的发饰，会化很浓的妆，她们的裙腰会系在很高的地方，衣服很大，衣服上有很多一团团的花，叫作团花图案。

陆天骐：到了五代十国，人们的头饰变得很夸张，头上有很多的珠钗，并且这个时期的衣服是汉服历史中最宽大的，那时还流行大袖衫，袖子很大，衣服上的花纹也逐渐开始变多了。

司可佳：到了宋代，人们开始喜欢瘦瘦的人了，

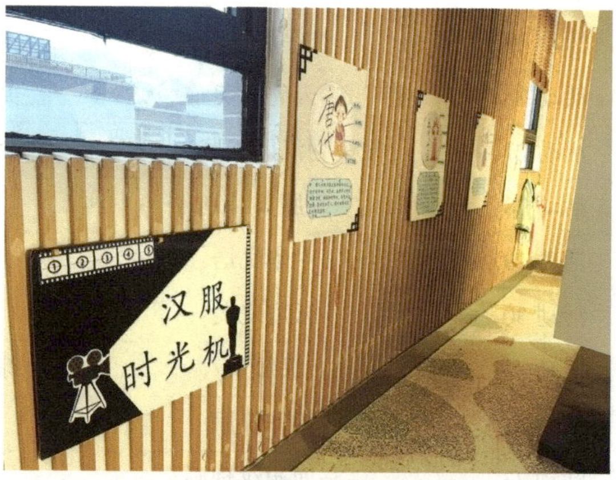

“汉服时光机”展览

开始把珠钗做成冠，只要带上冠就可以了，珠钗都装饰在冠上。而且，这个时期出现了面钿，大家会把珍珠贴在脸上做装饰。

许彦哲：在明代，衣服更精美了，花纹越来越多，还出现了分体的汉服，如比甲和马面裙。面裙是明清时期女子着装最典型的款式，也是现代汉服的经典款式之一。

幼儿在了解了古今汉服的不同、汉服的变化后，又对汉服的袖子产生了兴趣。有幼儿提出：为什么汉服的袖子有的大，有的小？追随着幼儿的兴趣，大一班继续深入挖掘汉服小知识，还带来了自己的汉服进行对比和研究。通过图片、实物及文字调查，幼儿又学到了很多关于袖子的知识。

汉服袖子的类型

孟梓淇：你们知道吗？汉服的袖子有 7 种哦。

翁思艺：广袖，袖子很大，这种袖子一般出现在汉服的礼服上。

李思妍：琵琶袖，它的形状很像琵琶，所以叫它琵琶袖。

周程程：箭袖，是一种直直的，袖根宽、袖口紧的袖子。

夏韦祎：直袖，就跟它的名字一样是直直的袖子，但是它还分窄直袖和宽直袖。

谢子芯：垂胡袖，它的袖管很大，然后袖口收缩，在汉服的曲裾和直裾里常见。

许彦哲：方袖和广袖很像，但是方袖一般出现在佛教、道教服饰中。半袖很像我们现在的 T 恤的袖子，最典型的就是出现在汉服的半臂和比甲上。

《3—6 岁儿童学习与发展指南》指出：“成人要善于发现和保护幼儿的好奇心，充分利用自然和实际生活机会，引导幼儿通过观察、比较、操作、实验等方法，学习发现问题、分析问题和解决问题，帮助幼儿不断积累经验，并运用于新的学习活动，形成受益终身的学习态度和能力。”在探索的过程中，幼儿创作了很多汉服作品，在创作中感受汉服文化，感受汉服之美。其中，幼儿对汉服的服装、配饰等都产生了浓厚的兴趣，教师在美工区也投放了很多材料，以便于幼儿创作，幼儿对汉服的兴趣只增不减。

汉服日展示

在汉服班本活动开展得热热闹闹的时候，有幼儿提出：“老师，我们可以穿上自己的汉服，和好朋友一起拍照吗？”其他幼儿听了，都想加入。看着一双双渴望的小眼睛，教师同意了幼儿的提议，并和他们一起策划了汉服日活动，幼儿也做了自己的汉服日计划，还将自己的想法记录了下来。

班本活动接近尾声，幼儿积累了很多素材，决定和其他班级一样，将自己的班本活动展示出来，但在哪里展示呢？当然是在展览馆，它是班本活动展示的专门场域。在大家的齐心协力下，汉服展顺利举办了。

布置展览馆

展览区域

五千年文化，三千年诗韵，我们的文化从未断流，幼儿通过学习、创作、体验、感受等方式，感受了汉服传统文化，再通过布展、解说等方式传播传统文化。

向家长进行解说

向老师进行解说

三、经验分享

“吴刀剪彩缝舞衣，明妆丽服夺春晖。”通过此次班本活动的开展，幼儿对汉服文化有了更深的认识，从知识的获取、礼仪的学习、服饰的创作、布展的设计与展出到最后的解说，他们在语言表达、社会交往、科学探索、艺术创作等多方面都得到了发展。虽然班本活动已结束，但是幼儿的热情依旧不减，在各个区域，他们还是会追随着自己的兴趣去探索汉服文化。

圣贤千古，德播乾坤，文以载道，继往开来。时代需要我们的教育继承传统文化中最优秀的元素，熏陶幼儿的言行。

我眼中的园林

何晓雯　徐静娴　沈　幸　尤孝兰　浦宇佳　胡茗瑜

一、活动缘起

（一）幼儿兴趣的点燃

在一次晨间谈话活动中，迪迪分享道："我妈妈带我去了一个地方，那个地方像一条裤子。"萱萱立刻回应："那是'大秋裤'，叫苏州中心。"老师补充道："苏州中心是我们苏州的代表建筑。你们还知道苏州的其他代表性建筑吗？"凡凡说："拙政园。"玥玥说："北寺塔。"骏骏说："狮子林。"圆圆问："狮子林里有狮子吗？"骏骏解释说："有假山和亭子，没有狮子。"老师总结说："苏州有很多代表性建筑，最有名的是苏州园林，像拙政园和狮子林。"豆豆猜测说："我猜里面有公园和树林，所以才叫园林。"欣欣和涵涵也提出了自己的猜想。幼儿对"苏州园林是什么，里面有什么"充满了好奇和兴趣。

（二）主题活动内容的产生

幼儿在日常生活中，已经通过各种方式接触到了苏州园林的相关知识和文化。例如，通过家庭的周末游玩，幼儿有机会亲身体验苏州园林的美景和历史。幼儿在家长的陪同下参观苏州园林博物馆，他们对园林中的花窗、小桥、亭子及假山等产生了浓厚的兴趣。于是，教师利用收集来的幼儿和园林相关照片开展了一次分享交流活动。

在讨论中，教师发现一些幼儿对苏州园林有一定的了解，这为主题活动的开展奠定了基础。通过展示照片和引导讨论，教师可以进一步激发幼儿的兴趣和好奇心。幼儿谈到了园林里的花窗、曲桥和太湖石，这些都是苏州园林的经典元素。这些已有经验为教师设计接下来的活动提供了宝贵的参考。

二、活动开展

（一）探访苏州园林

在分享一些已有经验时，幼儿也提出了很多关于苏州园林的问题：园林里都有亭子吗？亭子为什么要建在小河里？狮子林里的石头是从哪里来的？为什么园林里的窗户和我们家的不一样？于是，教师设计并下发了关于苏州园林的调查问卷，帮助幼儿更深入地了解和探索苏州园林的各个方面。

通过调查问卷可知，拙政园是苏州园林里最具代表性的，里面有亭子、小桥、长廊、花窗、假山、植物；沧浪亭里有一个很大的池塘，池塘里建了一座亭子，在亭子里可以休息，看小鱼、荷花，非常舒服；留园有四大宝贝，最有名的是一座假山，叫冠云峰，它看上去就像一座小山；狮子林里的假山很多，形状都是不一样的，人们还可以在里面走，就像在山洞里走迷宫一样。

为了让幼儿再深入了解有关苏州园林的知识，教师还带领幼儿收集了有关苏州园林的各种材料，幼儿十分积极，带来了有关苏州园林的立体书、绘本，还有园林模型拼图等。

教师的思考：通过这些活动，幼儿不仅能更全面地了解苏州园林，还能在实践中发展自己的观察力、创造力和表达能力。教师在这个过程中要扮演好引导者和支持者的角色，鼓励幼儿积极探索，发现和创造属于自己的苏州园林故事。

（二）再现苏州园林

1. 区域圆梦园林建造

无论是通过图片、视频还是实地参观，幼儿都被园林中的精美建筑、独特布局、丰富景观元素吸引了。大班幼儿在日常生活中已经积累了一定的搭建和创造经验，当他们看到那些精美的建筑和景观时，会自然地联想到自己之前玩过的搭建游戏，从而想要将苏州园林的元素融入自己的搭建作品。幼儿会在建构区用积木搭建，也会在益智区里用乐高搭建。

安安：老师，我觉得我们班级里的积木太少了，好多东西都搭不出来。

芊芊：是呀，我家里有一套可以拼苏州园林的积木，我能不能带过来呀？

为了满足幼儿的探索欲，教师请芊芊把家里的积木带到教室里来了，幼儿在区域游戏里分工，有的搭建亭子，有的搭建楼阁，有的搭建花园，然后再一起合作拼装，最后完成一个完整的苏州园林模型搭建。当苏州园林模型搭建完成的时候，幼儿激动地边跳边拍手。

小曾：我们太厉害了，这个模型看起来和真的园林一模一样。

阳阳：是啊，你看这个亭子，里面还有小桌子，我都想钻进去坐一坐。

浩浩：真想让大家都看看我们的园林。

教师的思考：大班幼儿正处于创造力发展的高峰期，他们渴望通过自己的方式来表达对世界的理解和感受，搭建苏州园林模型正是一种创造性表达方式，能够让幼儿将自己的想象和创意融入作品，展现出独特的个性和风格。搭建苏州园林模型不是一件容易的事。苏州园林以其独特的布局和建筑特色著称，在搭建模型的过程中，幼儿需要理解并再现园林的空间结构，这就需要前期的很多经验累积。在搭建过程中，他们需要精细操作材料，需要分工合作，还需要有耐心、专注力和遇到困难不放弃的意志力。通过了解苏州园林的历史和文化背景，以及亲自搭建模型，幼儿会对苏州文化产生更强的认同感和亲近感。

2. 专室助力园林之美再现

在探访园林的过程中，一扇扇别致的花窗吸引了幼儿驻足观赏，而花窗上古朴的材质、独特的色彩及繁复的花纹也引发了幼儿的思考：园林里这么多的花窗都是用来干什么的？为了解开疑惑，幼儿查阅了许多关于花窗的资料。

原来园林里的花窗的名字各不相同，有漏窗、半窗、长窗、纱窗、假窗。这些窗户的用处也不同：有的用来通风，有的用来透光，有的用来装饰和观赏景色。

轩轩：家人喜欢让我站在花窗那给我拍照。

萱萱：我经常看见游客对着花窗里的景色拍、拍、拍。

华华：我去游玩时，我家人把我抱起来，通过花窗看风景，看见的景色往往很美。

幼儿发现通过园林花窗看见的景色给人以另一种美感。

笑笑：我想把苏州园林的美留下来，你们觉得怎么样？

彤彤：这个想法很不错。那我们怎么把它留下来呢？

云云：我们可以用木棍、雪糕棒做各种形状的花窗，然后画一些美丽的景色衬在下面。

那绘画哪些景色呢？幼儿的问题又来了。教师把问题抛回给幼儿，让幼儿自主讨论、商量，成为活动的小主人。

强强：我夏天去的时候，透过花窗看荷花很美。

玉米：可以画梅花。我是冬天去的，那时的梅花很美，树上还有一层白白的雪花。

云朵：我家有苏州园林的明信片，里面有的花窗是绘画的园林一角。

在制作好美丽的花窗之后，成功的体验让幼儿更加兴致勃勃，想要留下园林中的许多美景：精巧的亭子、多样的小桥、嶙峋的太湖石……经过幼儿的资料收集和讨论、教师的甄选，大家最终决定在木工坊完成亭子与小桥的制作，太湖石则更适合在陶艺坊用泥制作。

亭子是园林中不可缺少的重要元素，不仅蕴藏着科学原理，还蕴含着悠久的历史和文化内涵。通过前期的寻亭活动，幼儿对亭子有了进一步的认识，知道亭子有多种外形特征。“小木匠们”来到木工坊大显身手，有的利用雪糕棒做亭顶，有的利用圆木棍做柱子，还有的利用薄木板和小木块做亭底与台阶……幼儿做出了方亭、圆亭、六角亭等。

幼儿结合自己的生活经验，在木工坊里大显身手，通过测量、锯、钉、打磨、粘贴等步骤，像变魔法似的，将常见的木材变成了手里的木桥，将日常生活中见到的九曲桥制作了出来。在活动中，幼儿不仅锻炼了动手能力，还发展了细心、耐心、专注的学习品质。

石头是大自然的产物，太湖石又产自苏州太湖。说起太湖石，幼儿未必能懂，但说起假山、石头，幼儿肯定能懂。通过欣赏假山，幼儿发现假山上有神奇的洞洞，明白原来这就是太湖石。那么，太湖石可以用什么方式来呈现呢？幼儿说可以捏出来。用什么材料可以捏成硬硬的、坚固的太湖石呢？结合陶艺活动中的经验，幼儿在土星坊找到了深灰色的泥块，通过揉、捏、戳孔、上窑等步骤制作了一块块造型奇特的太湖石。

教师的思考：这些创意活动，无疑是一场充满想象力与创造力的盛宴。在苏州园林的广阔天地里，幼儿用稚嫩的小手，在木工坊制作花窗、亭台楼阁、九曲桥等独具特色的木工作品，并在陶艺坊塑形太湖石的过程中，感受着大自然的神奇。在一次次动手实践的过程中，他们学会了观察、思考和表达，提升了自身的审美能力和创造能力，发展了好学、专注的学习品质。

（三）展览

随着活动的深入推进，幼儿不仅对苏州的四大园林有了更清晰的认识，还凭借自己的巧手尝试制作出了园林里极具代表性的造景，如太湖石、花窗、亭子、九曲桥等。望着这些美轮美奂的作品，幼儿的成就感溢于言表，由此萌生了想要把作品展示在幼儿园展览馆的念头，以便让幼儿园里的其他小朋友也能了解苏州园林，感受园林之美。那么究竟该如何进行布展呢？身为幼儿支持者的教师将问题作为导向，引领幼儿有条不紊地开展布展工作。

1. 前期讨论

（1）展哪些

墨墨：当然是把我们制作的木工亭子、桥、花窗还有陶艺作品都展示出来。

朵朵：正好有四个橱窗，能把我们的木工和陶艺作品分别放进去。

彤彤：我们的调查表、拍摄的照片和画的作品也可以被贴在墙上，这样参观的小朋友能知道更多关于园林的知识。

小雨：还有我们的绘本和模型呢，我也想分享给大家。

涵涵：我想要设计一个纪念品，我去博物馆的时候都会让妈妈给我买一个纪念品，每次我看见它的时候就会想到我去看的展览。

老师：很棒的想法，用什么形式创作纪念品比较好呢？

小愉：这需要很多份，所以做起来要快一些。

诚诚：要小一些，方便拿。

小嘉：我觉得我们可以把苏州园林画在一张小卡片上，把它做成书签更加漂亮。

(2) 怎么展

通过仔细地考察场地，幼儿结合展示柜和展品的大小，进一步思考展示的位置和方式。

小晋：我们拼好的园林积木比较大，放在橱窗里可能会掉出来，我们得找蓝色的组合柜放一放。

暖暖：我们可以把去园林玩的照片做成一个照片墙，像大厅柱子上展览的照片一样放在相框里，特别好看。

子轩：也可以把照片串起来挂在墙上，就像我们美工区里挂的作品。

师幼一起设计了初步的场地布置方案，幼儿还画了效果图，方便布展时参考。

教师的思考：幼儿的想法是非常具体的，因此他们的计划初始是围绕已有的具体事物展开的。大班年龄段的幼儿能够根据经验，结合具体事物进行有逻辑的思考，如物品更适合以怎样的形式呈现。基于此，教师需要将幼儿的思维引导向他们有经验的内容，进行同化。此外，幼儿还会迁移已有经验，教师应该鼓励幼儿发散思维，提出多样的作品呈现方式，在思维碰撞中获得新经验。

2. 分工合作

师幼共同讨论后，发现布展有许多事情要做：前期进行宣传需要画请柬，展览需要布置摆放，还要制作书签纪念品，有小朋友来参观时需要有讲解员，那么有什么好办法可以又快又好地完成这些事情呢？

小溪：当然是分工啊，我们可以进行统计，看看小朋友想要做什么事情。

万万：我觉得画画好的小朋友画请柬和书签，力气大的小朋友去布置，讲故事好的小朋友去当讲解员。

老师：小溪的意思是按照兴趣分工，万万的想法是按照能力分工，你们觉得呢？

七嘴八舌的声音响起……

老师：看来关于这一点，我们也需要进行一次投票。

教师的思考：在分工方面，幼儿在木工活动和一些日常活动中已经有了很多经验，因此在这方面教师更应该引导幼儿形成更完善的逻辑思维，以及在潜移默化中帮助幼儿建立公平和尊重他人意愿的意识。在之后的实践过程中，幼儿在自我意愿表达的基础上，进行了分工，操作时发现画书签的工作量是最大的，因此大家都加入了画书签的行列，真正体验到了分工合作的真谛。

3. 完善布展

在大家的齐心协力下，苏州园林展览初具雏形。但是月月提出：周围的墙面还有点空间，我们还可以做些什么呢？

老师：可以回忆一下之前你们参观过的展览。

俊俊：我之前去的博物馆里不仅有看的，还有可以玩的。

烨烨：对，之前大二班的西游记展览就是可以换装扮演角色玩一玩的。

老师：是的，我们可以想想怎么让看展的小朋友也参与进来。

小靖：我们看展的时候老师在拍照，还有一个老师在本子上写东西。

老师：是的，我会将你们看完展览的一些想法和评价记录下来。

小逸：那我们可以让小朋友自己画一画他们看完展览的想法，正好画在空墙上。

谦谦：可是画一画很费时间，而且随意画在墙上也不好看。

果果：展览是要美一点的，我觉得我们开学时的自画头像更好看，觉得展览好的，就在彩色小圆上画上笑脸表情，而且根据自画头像还能知道是谁。

老师：哇，那我们的展览有了一个与以往不同的板块——评价墙，这是一种创新。

此外，幼儿还对两个地方进行了优化。汐汐提出立体书只有一本，来看展的人如果都要看就会挤在一起，可以把关于园林的图片和知识做成大大的展板，贴在周围空墙上。灵灵提出画很多的园林书签，除了可以送给来看展的朋友外，还可以悬挂在天花板上，这样就更美了。

教师的思考： 在整个布展过程中，幼儿展现出了令人惊喜的创造力和思考能力。在最后完善布展的环节中，幼儿能够积极发现问题并提出改进建议。他们通过回忆过往参观经历，引入互动和评价元素，使展览更具参与性和创新性。这也提醒教师，要为幼儿提供更多观察和体验的机会，激发他们的创新思维，不断优化和完善活动。总之，此次布展活动不仅是幼儿作品的展示，还是他们成长和学习的过程。教师要继续关注幼儿的需求和表现，提供适宜的引导和支持，促进他们在更多的活动中获得全面发展。

遇见青花

陶建珍　秦　黇

一、活动缘起

青花瓷器白底衬以蓝色纹饰，给人以清新素雅的美感，它以突出的历史风格和独特的艺术特色被誉为中国的“国瓷”，是中国文化的象征。

在元和幼儿园三楼的成长廊里有一座展览馆，这里曾经展出过“京剧”“扎染”……这一次，幼儿在展览馆中遇见了美丽的白底青花瓷，它因独特的韵味而受到幼儿关注与青睐。

参观展览馆

幼儿在生活中与青花瓷相遇时，又能碰撞出怎样火花呢？这还要从一个美丽的陶瓷花瓶说起……

青花瓷瓶

清晨，幼儿像往常一样来园给自然角的植物浇水、除草。这时，希希来了，她捧着一株水生绿萝，但是更引人注意的是养殖绿萝的花瓶，那是一个白底蓝纹的漂亮陶瓷瓶，一下子就引起了大家的注意。

“哇！希希，这个花瓶好漂亮呀！”

“你们看，它有蓝蓝的花边。”

“上面还有蝴蝶呢，好像在闻花的味道。”

幼儿七嘴八舌地围着花瓶，仔细地观察着，这时岳岳提出了一个问题：“为什么这个花纹只有一种颜色？”

观察青花花纹

是呀，为什么这个花瓶只有一种颜色呢？大班的孩子已经有了初步的陶艺坊制作经验，在手印和树叶点心盘的制作中，最后都有上色的环节，有红色、黄色、蓝色、紫色等多种颜色可供选择……陶艺工艺的色彩是丰富的、多种多样的，为什么这个花瓶只用了一种颜色呢？

晨晨猜测说：“可能陶艺师傅做这个花瓶的时候，其他颜料都用完了，就只剩下蓝色了。”琳琳却提出了不同意见：

"肯定是故意做成这样的，我们家也有这种蓝色花纹的盘子。"其他小朋友纷纷表示："我家也有。""我也在我奶奶家见过这样的瓷器。""我家有个碗是这样的。"……

二、活动开展

（一）寻"青"之路

看到幼儿对中华民族的文化艺术产生了这样浓厚的兴趣，教师让幼儿利用周末时间去寻找身边的青花，发现生活中哪些地方、哪些物品上会有青花图案。下面让我们一起走进这神秘的青花世界吧！

青花图案藏在茶叶罐上、盘子里、碗碟中……

盘子、杯子、茶叶罐上的青花图案展示

开展"美丽的青花瓷"主题活动

到底什么是青花呢？为什么青花瓷的颜色都是固定统一的？为什么青花瓷的花纹种类这么多，还这么漂亮？为此，教师开展了主题活动"美丽的青花瓷"，在活动中，幼儿通过故事讲述、图片欣赏、视频演示等多种方式了解到了青花瓷的由来和制作方法。

"青花瓷是一个叫赵小宝的制作瓷器的人，为了纪念他的妻子廖青花而发明的。"

"廖青花是为了找那种蓝色的颜料去大山里的，就是烧青花瓷的钴矿。"

"青花瓷是用矿物质做颜料的，所以烧出来是这个颜色。"

"烧制青花瓷除了要上颜料，还要再上一层透明的釉。"

"一千多年以前就有青花瓷了，到现在已经有很多年的历史了。"

青花瓷的历史、由来和制作方法

青花，又称白底青花瓷，是一种白底蓝花的高温釉下彩瓷器，是中国陶瓷烧制工艺的珍品。青花瓷产于唐代，兴盛于元代景德镇，于清康熙时期发展到了顶峰。它以含氧化钴的钴矿为原料，在陶瓷坯体上描绘纹饰，再罩上一层透明釉，经高温还原焰一次烧成，具有着色力强、发色鲜艳、烧成率高、呈色稳定的特点。

（二）青花之美

很快，幼儿又有了新的发现。

“我发现青花瓷的线条有的是直线，有的是曲线。”

“青花瓷上有的图案是对称的，上下左右都是一模一样的。”

“你们看这个盘子，外面的花纹是重复的，一圈都是这样的装饰。”

幼儿通过仔细观察发现：有的花纹是S形的，有的是半圆形的，还有的是波浪形的……其实，青花瓷作为中国瓷器的主流品种之一，纹样种类繁多，青花纹饰的特点是构图饱满，层次多而不乱，笔法流畅有力，勾勒渲染粗壮沉着。主要题材有人物、动物、风景、植物和极少数的诗文，辅助的纹饰有卷草、莲瓣、古钱、回纹、海水、云等，植物纹样、动物纹样、故事型纹样等，每个都有不同的寓意。

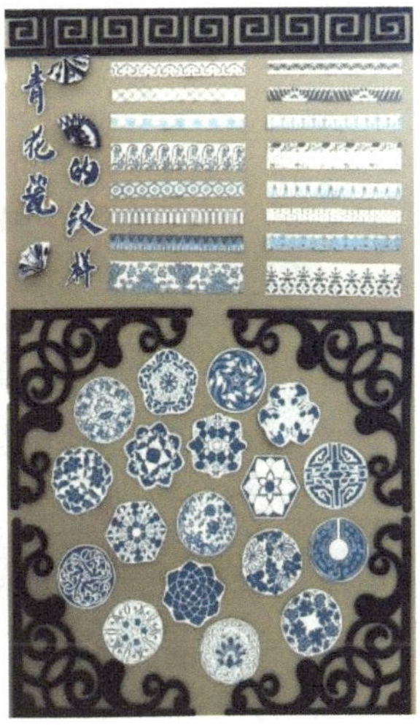

青花瓷的多种花纹

在欣赏之余，幼儿迫不及待地想要绘制属于自己的青花了。按照自己的意愿和方式，幼儿在纸盘、黑板墙、扇面、白纸上进行着青花创作，从青花瓷的整体造型再到青花瓷的花纹样式，他们用点线面的线描画技巧，勾勒出独特的纹饰装饰自己的作品，赋予青花瓷无限的创造力和想象力。

纸盘上的装饰

扇面的青花装饰

绘制黑板墙

白纸上的青花绘制

开展“制作青花瓷杯垫”陶艺活动

（三）青花瓷韵

除了用绘画的方式为青花注入新的活力外，幼儿更想在陶艺坊亲自动手制作真正的青花瓷。有了前几次的陶艺制作经验，幼儿对这次青花瓷杯垫的制作更加得心应手了。

在了解青花瓷的装饰纹样特点的基础上，每个幼儿都独立设计出了不同样式造型的青花瓷杯垫，用多种陶艺工具来印压装饰，运用点、线有规律地排列花纹。

陶艺制作

青花瓷的杯垫精致独特，幼儿迫不及待地想把它们布置到成长廊去，让大家都能欣赏到这些好看的杯垫。但是，放过去的杯垫平平地躺在展示柜，不走近细看根本不引人注意，怎么办呢？

幼儿纷纷表示，可以为漂亮的青花瓷杯垫制作一个架子，让杯垫立起来，展示出来。在木工坊，“小木匠们”有商有量、分工合作，选择合适的材料制作杯垫架，保证底座稳定，并根据不同形状的杯垫制作不同造型的杯垫架，对作品进行组合摆设。他们两人一组，在了解杯垫架的结构造型的基础上，共同设计了多种不同造型的杯垫架：高立造型、悬空造型、错落造型……

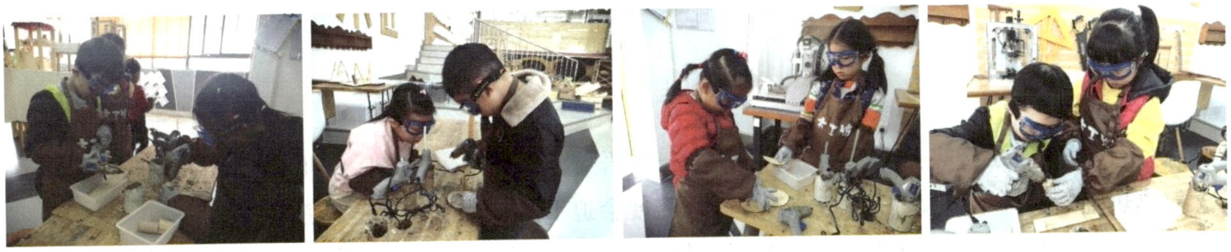

制作杯垫架

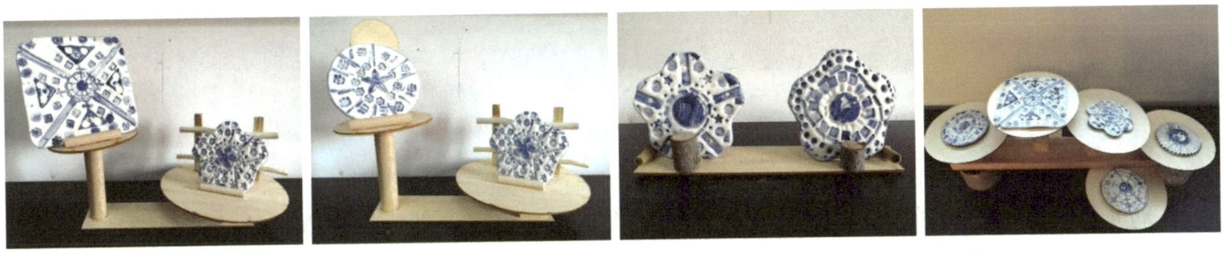

幼儿作品展示

三、经验分享

从“遇见青花”到“寻‘青’之路”“青花之美”，再到“青花瓷韵”，幼儿在寻找、制作及布展的整个过程中，不仅了解了更多关于青花瓷的知识，还对中国的传统文化产生了极大的兴趣，各方面的能力也有了稳固的提升。在制作青花瓷杯垫的过程中，幼儿对于青花的认知得到了进一步的升华。从设计杯垫到制作杯垫，再到展示杯垫，这一过程不仅培养了幼儿的创造能力、动手能力、审美能力，还进一步提升了幼儿解决问题的能力。

遇见《西游记》

胡秋芳　李　婷

一、活动缘起

“唐僧骑马咚那个咚，后面跟着个孙悟空，孙悟空跑得快……”午后幼儿三五成群，把一首儿歌念得热热闹闹。一旦说起《西游记》，有的幼儿便会迫不及待地讲起自己知道的故事情节。

这已经不是幼儿第一次念这首儿歌了，他们也不止一次谈论过其中耳熟能详的故事情节，基于“让活动从儿童中走来”的理念，教师尝试着将这个话题延续下去。

二、活动开展

（一）经验调查——我了解的《西游记》

幼儿最早接触《西游记》是从电视剧、动画片、图书或成人讲述的故事开始的。他们被本领高强的孙悟空、心地善良的唐僧、胖胖的猪八戒等人物角色，以及一个个有趣的历险故事深深吸引。但关于这个故事，幼儿知道什么，以及还想知道什么呢？

经验调查

1. 调查——了解已有经验

活动就从对幼儿的已有经验调查开始：“你喜欢《西游记》里的谁？”“唐僧师徒各有什么本领？”“你知道《西游记》里的哪些故事？”通过调查，进一步了解幼儿对《西游记》相关故事内容、人物等的熟悉程度。

2. 分享——丰富经验

在喜爱人物的调查中，齐天大圣孙悟空的呼声最高，孙悟空的七十二变、火眼金睛、骁勇善战都深受幼儿喜爱。也有幼儿表达了对唐僧的喜爱，认为唐僧善良而且长得很帅。同样的，会三十六变的猪八戒和勤劳的沙和尚也受到不少幼儿的喜爱，认为他们的武器九齿钉耙和降妖除魔杖非常酷。

在对故事情节的调查中，大部分幼儿对“大闹天宫”“真假美猴王”“三打白骨精”“大战红孩儿”等故事片段很感兴趣，对一些情节还能娓娓道来。还有幼儿将家中的《西游记》故事书、连环画带来，一下子就烘托出了现场的氛围。

介绍《西游记》调查单

3. 延伸——关于《西游记》，我还想知道……

关于《西游记》，大家还想知道些什么呢？围绕这个话题，幼儿开展了谈话活动。

心远：我想知道他们在西天取了真经后发生了什么事情？

梓烨：我想知道《西游记》里谁最厉害？

幼儿：就是孙悟空呀！

语墨：如来佛祖把孙悟空压在五行山下，他更厉害吧？

萌萌：孙悟空的金箍棒是不是最厉害的？

某幼儿：肯定是的，别人都打不过他！

老师：《西游记》里还有什么武器呢？

幼儿：九齿钉耙，降妖除魔杖，紫金葫芦……

聆听了幼儿的想法，对幼儿的已有经验和兴趣点进行梳理后，教师构建了基本的活动框架，做到了活动内容来源于幼儿。

（二）多元互动——走进《西游记》

1.《西游记》进班级

（1）阅读区

教师将从幼儿园图书室借到的，以及幼儿收集的《西游记》绘本、画册、迷宫、光盘等循序渐进投放到阅读区，以便于幼儿广泛了解《西游记》的故事内容、丰富幼儿经验。

在对《西游记》故事情节不断进行了解后，《西游记》中有趣的片段成为幼儿茶余饭后的谈资，于是教师鼓励幼儿争当“故事大王”，以点带面，深入了解不同的故事情节。

（2）美工区

《西游记》连环画是幼儿比较喜欢的阅读材料，幼儿可以通过观察连环画上的图案来了解画中所要表达的意思。而在“读”画的过程中，幼儿的想象力、理解能力和语言表达能力也得到了提升。

通过视听等多渠道的感知，幼儿很想把发生的事讲出来，于是教师就帮助他们理清思路，如：在什么地方，遇到了谁，发生了什么事？在此基础上，幼儿进行了连环画的创作。一个个生动的情节跃然纸上：大闹天宫、猪八戒吃西瓜、三打白骨精……

创作连环画

幼儿创作出连环画后，都想把他们所画的讲给教师听，为了满足幼儿的表现欲望，教师鼓励幼儿拿着作品讲给同伴听，同伴听得津津有味。

分享连环画

（3）益智区

唐僧师徒取经路过了很多地方，教师和幼儿一起边看连环画边研究西天取经路线图：从大唐到五指山，再经过高老庄、流沙河，师徒四人终于一同前行了。随后又经过女儿国、火焰山、通天河……历经重重关卡，终于取得真经。

在了解路线的过程中，幼儿又一次加深了对故事情节、人物特点的了解，也引发了有趣的谈论。在说到乌鸡国时，有的幼儿捧腹大笑，说：“这个名字太搞笑了，怎么叫乌鸡国呢？”又说到火焰山，教师问：“到底有没有火焰山这个地方呢？”有幼儿说：“这是假的名字，怎么会有都是火的山呢？”结果查阅资料时，幼儿惊讶极了，原来如今的火焰山依然屹立在吐鲁番盆地北部，还是中国最热的地方。

那乌鸡国、车迟国是否也是真实存在的呢？幼儿带着疑惑开始了进一步的探秘。

路线图在幼儿的手中还变成了棋盘，走到哪儿就说说相应的故事情节，如有不了解，则翻翻连环画，不断丰富故事信息。

绘制《西游记》路线图

合作玩《西游记》路线棋盘

《西游记》路线图展示

2.《西游记》来到户外拓展区

随着对故事情节的深入了解，幼儿对取经路上的各路关卡充满了好奇："如果我是孙悟空就好了！"于是，游戏活动"勇闯取经路"开始了！

第一关：翻越花果山水帘洞。

第二关：趟渡流沙河。

第三关：勇闯盘丝洞。

经过模拟闯关，很多幼儿表示："原来西天取经这么累，这么难，我可太佩服唐僧师徒了。"

翻越"花果山"

"趟渡流沙河"

勇闯"盘丝洞"

3.《西游记》进游戏专室

《西游记》里到底有哪些法宝呢？除了幼儿津津乐道的金箍棒、九齿钉耙、降妖除魔杖、火尖枪之外，还有什么呢？心远之前与妈妈通读过整套《西游记》连环画，他为同伴提供了不少信息："二郎神有三尖两刃刀，观音菩萨有羊脂玉露瓶，太上老君有炼丹炉和金刚镯，镇元大仙有乾坤袖，其实人参果也是法宝……"其他幼儿也开始补充："还有紫金葫芦、金铃……"

幼儿发现其实每个故事人物都有属于自己的独门秘宝，而且各有神奇之处，每个都很厉害。

制作金箍棒

教师鼓励幼儿选择所需材料制作自己喜欢的法宝。阳阳和肖宝宝在门后收纳筐中选了一根较细的 PVC 管，还问老师要了红色和金色自黏纸，两人合力将彩纸包在 PVC 管上，这样金箍棒就做好了。

对于一些法器如钉耙、三尖两刃刀、宝剑等，幼儿想到可以去木星坊切割制作，制作后再加工、装饰。

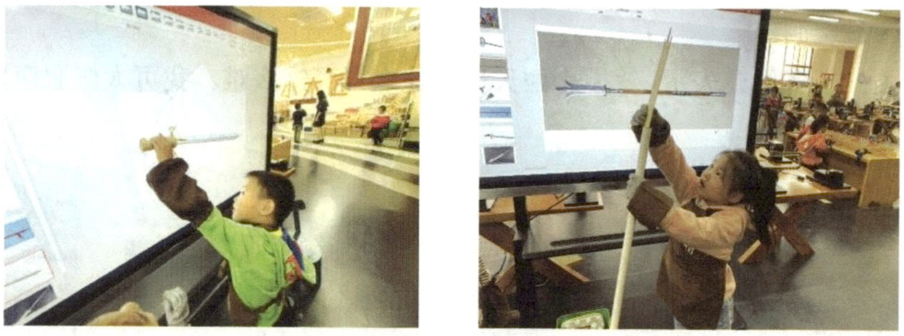

测量法宝长度

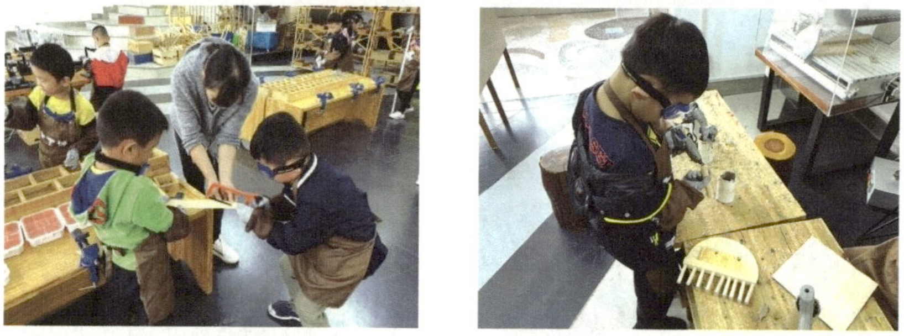

制作法宝

展示法宝

金星坊的金属丝也在幼儿手中变成了法器上的装饰品，直接用来制作紧箍、乾坤圈、金刚琢等，威力无穷的法宝越来越多了。

装饰法宝

制作金属法宝

这么多法宝做好后，陈列问题也在木星坊被解决了，幼儿用木材制作出了武器架，以方便摆放、陈列法宝。

（三）展览

教室后门口的法宝吸引了路过的幼儿，他们看了看、摸了摸。幼儿还想让更多朋友来到《西游记》的精彩世界，有什么好办法呢？请他们来班级玩？可是班级空间不够。

发现法宝架

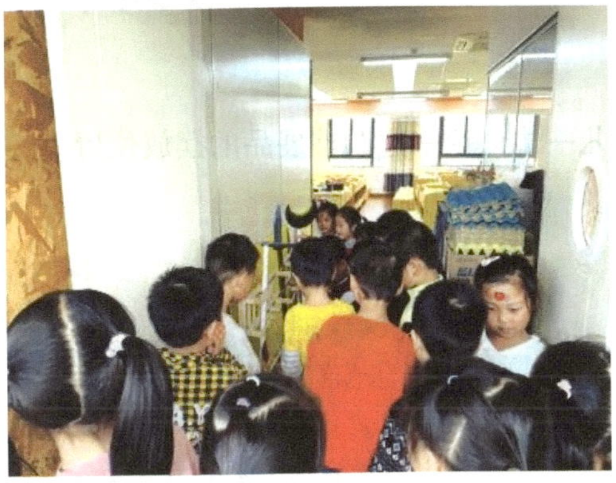

门口拥堵

于是，幼儿把目光投向了三楼的展览馆。幼儿在展览馆欣赏过哥哥姐姐们对桥、京剧、扎染、纸等知识的分享，有很多收获，决定也要布展。

1. 策划与布展

（1）展示什么

确定布展后，幼儿就布展内容展开了讨论，幼儿想把喜欢的、有趣的都展示出来。

语墨：小朋友们肯定想知道发生了什么有趣的事情，可以把我们的画展示给他们看。

天天：还有书也可以，他们可以翻阅。

凌泽：我们的法宝也可以展示出来，肯定超级酷。

俊阳：那个下棋的（路线图）也可以放在那里，他们来了可以玩。

（2）布展过程

《3—6岁儿童学习与发展指南》建议：“展示幼儿的作品，鼓励幼儿用自己的作品和艺术品布置环境。”展览馆环境的布置，是以幼儿为主体的，幼儿按照自己的想法将作品布置在展览馆中。在这一过程中，幼儿学会了思考作品的摆放位置及合理性，并且有了自豪感与成就感。于是，师幼将准备好的连环画、路线图、法宝、介绍展示板合力运到了展览馆。

幼儿们小心翼翼地摆放着，又用钉子将展示板固定在墙面的木条上。

布展

幼儿一边讨论一边调整展品的摆放位置。最后在师幼的共同努力下，《西游记》展览馆终于布置完成了。

展览馆——《西游记》人物区

展览馆——《西游记》法宝区

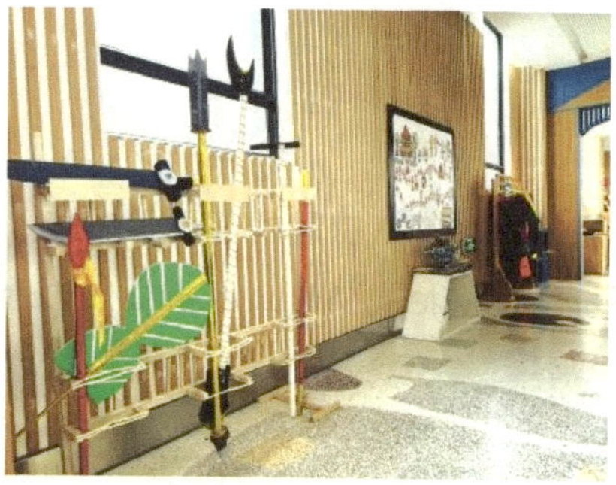

展览馆——《西游记》兵器区

展览馆——《西游记》连环画、服饰区

2. 邀请参观

幼儿不仅想带自己的朋友来，还想让爸爸妈妈来参观《西游记》展览馆。

于是，幼儿制作了邀请函，并送给了其他班级的小朋友、老师，邀请他们来参观。看到朋友们这么喜欢《西游记》展览馆，幼儿高兴极了。

邀请同伴参观

其他班级的小朋友参观

三、经验分享

遇见《西游记》是为幼儿“量身打造”并不断延伸的活动，围绕着幼儿的兴趣、问题展开。

一场与《西游记》的邂逅，从孙悟空出世大闹天宫到唐僧师徒取得真经修成正果，幼儿更加熟知其中的内容，也在多种多样的活动中丰富了自己的感悟，既感受到了古典文学的有趣，也学会了要勇于面对困难、相互帮助走向胜利。

瓶瓶罐罐总动员

陈　萍　赵茵禾

一、活动缘起

瓶瓶罐罐是幼儿生活中常见的、易于收集且操作性强的材料。《幼儿教育指导纲要（试行）》指出，教育活动内容应“贴近幼儿的生活来选择幼儿感兴趣的事物和问题，又有助于拓展幼儿的经验和视野”，“教育活动内容的组织应考虑幼儿的学习特点和认识规律……寓教育于生活游戏之中”。结合这一点，教师选择了瓶瓶罐罐这一资源作为幼儿探索的内容。生活中都有哪些瓶瓶罐罐？瓶瓶罐罐可以怎么玩？废弃的瓶瓶罐罐还能怎么再利用？教师将和幼儿一起去探索这些问题。

二、活动开展

教师利用调查问卷的方式了解到幼儿的已有经验，并结合《3—6岁儿童学习与发展指南》对幼儿可获得的新经验进行了整理。

在前审议的过程中，教师决定从寻瓶罐、玩瓶罐、做瓶罐和展瓶罐这四个方面来开展此次主题探究，采取教师预设与幼儿生成相结合的方式来丰富主题活动。

随着主题活动的开展，幼儿对瓶瓶罐罐的兴趣逐渐加深，在教师预设活动的基础上又根据兴趣生成了很多相关的活动，如在玩瓶罐的过程中，幼儿将瓶瓶罐罐布满班级的各个区域，活动内容变得更加丰富。在收集了很多瓶瓶罐罐后，幼儿又想到了分瓶罐，这是教师在前审议时已经考虑到的内容，于是教师将分瓶罐也加入了主题活动中。

在后审议中，为了进一步贴合幼儿的已有经验和获得的新经验，教师将活动分为寻瓶罐、分瓶罐、玩瓶罐、做瓶罐、展瓶罐和说瓶罐六部分内容。

（一）寻瓶罐

家里有哪些瓶瓶罐罐呢？它们又有什么用呢？幼儿利用周末和爸爸妈妈在家里一起寻找瓶瓶罐罐，还把自己找到的瓶瓶罐罐的外形、材质、用途和改造方法记录在记录表上。

幼儿第二天就将记录表和自己找到的瓶瓶罐罐带到了幼儿园。他们迫不及待地和小伙伴分享自己的发现。有幼儿发现了装水的塑料瓶，有幼儿发现了圆圆的酒瓶，有幼儿在厨房里发现了装调料的玻璃瓶，有幼儿想到了老家腌咸菜的大陶罐……

在家中寻找瓶罐

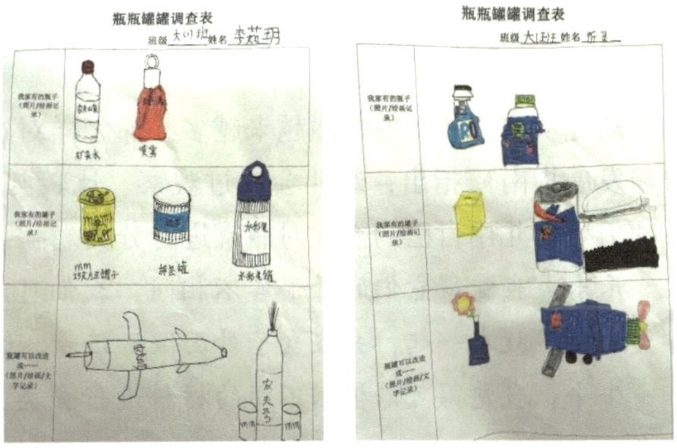

幼儿的记录

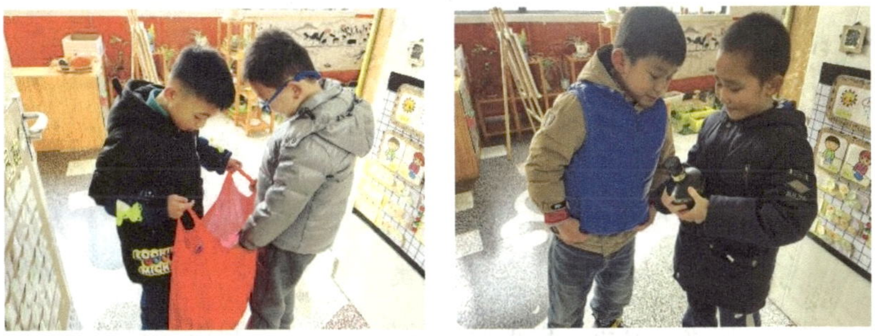

交流自己的发现

分享记录表

通过调查和分析，幼儿了解到生活中很多常见的瓶瓶罐罐能够帮助人们储存食物、调味品、化妆品等。在分享中，有一个幼儿提到在厨房找到了一个装煤气的大铁罐，这引起了热议。

洋洋：我在厨房找到了一个大铁罐，妈妈告诉我里面装的是煤气。

小艺：我老家也有，我见过的，现在的家里没有，变成了管道煤气。

老师：原来瓶瓶罐罐不仅能够帮我们储存食物，还能装煤气，那你们还见过哪些装特殊物体、有特殊用途的瓶瓶罐罐吗?

玥玥：我在小区的走廊里看到过灭火器，它也是个罐子，里面装的是干冰。

小米：有一次我参加婚礼，我看到有人在打气球，充满气的气球就直接飞起来了，那个气就是从一个罐子里出来的。

在刚开始的分享中，只有一个幼儿提到了煤气罐这一特殊瓶罐，可见幼儿对于这些特殊瓶罐的前期经验比较少。教师是幼儿学习的支持者，在引导幼儿回忆的同时，马上搜集相关材料，和幼儿一起认识了更多有特殊用途的瓶罐。通过观察图片，幼儿发现储存煤气、氧气、二氧化碳这类气体的瓶罐瓶口都比较小，而且对密封性的要求很高。

（二）分瓶罐

幼儿从家里找到的瓶罐越来越多，那怎样对这些瓶罐进行有序的摆放分类呢？《3—6 岁儿童学习与发展指南》指出，幼儿会通过观察、比较与分析，发现并描述不同种类物体的特征。基于此，教师引导幼儿用自己的方式对瓶罐进行分类。

乐乐：我觉得它们的外形各不相同，我们可以把瓶口比较小的瓶子放在一起，把瓶口和底部一样大的瓶子放在一起，并在盒子外面做好记号，这样就能马上分清楚了。

牛牛：我觉得可以根据不同的材料进行分类，把玻璃的放在一起，把塑料的放在一起，把铁的放在一起。

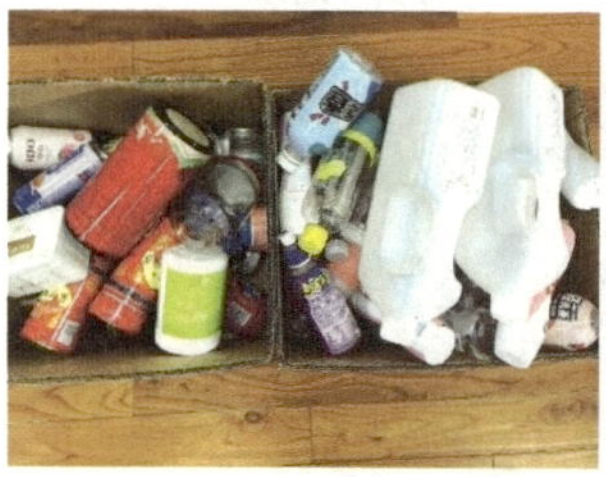

瓶罐分类

幼儿通过自己的观察、比较与分析，根据瓶罐的外形特征、制作材料进行了一级分类，并且做了记录。基于幼儿的行动，教师引导幼儿继续进行分类。瓶罐组在进行二次分类时发现瓶子的数量比较多，于是他们便选择对瓶子进行再分类。再分类时幼儿的想法也很多：有的幼儿根据瓶子是否透明分成塑料瓶子和不透明瓶子，有的幼儿根据瓶子的材质分成塑料瓶和玻璃瓶。材质组在进行二次分类时发现塑料瓶比较多，于是他们选择对塑料瓶进行再分类，根据是否透明分成透明塑料瓶、不透明塑料瓶。有了前面再分类的经验，有幼儿提出还可以根据不同的形状对透明塑料进行三次分类，分成方形透明塑料盒和圆形透明塑料盒。

根据是否透明分类

根据材质分类

分成透明和不透明瓶子

分成塑料瓶和玻璃瓶

对塑料瓶根据是否透明再分类

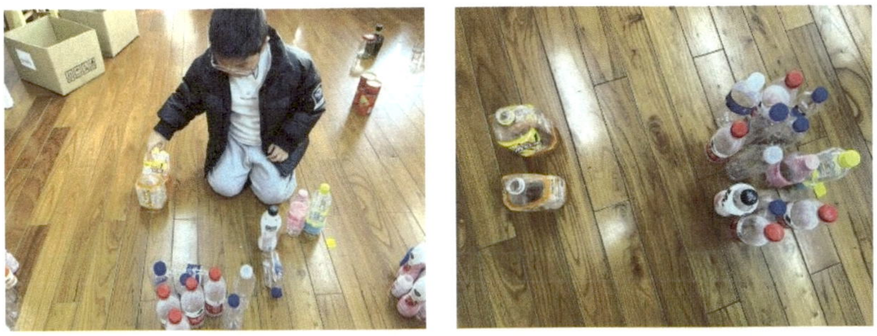

对透明塑料瓶根据形状进行第三次分类

教师是幼儿学习的引导者，幼儿刚开始的时候只是根据瓶罐的一个特征进行一级分类。在教师的引导下，幼儿对瓶罐进行二级分类、三级分类。幼儿的学习不断向深度发展。

（三）玩瓶罐

1. 科学区：听声音

睿睿：瞧，铁罐子可以发出“叮叮”的声音呢。

小马：我的塑料瓶也能发出声音，但是被敲击时发出的声音比较轻。

老师：如果不用手敲击，怎么让瓶罐发出声音呢？

玥玥：我知道，可以在瓶子里面放东西，再摇一摇、晃一晃，就会发出声音了。

老师：把不同的东西放在瓶子里发出的声音一样吗？

幼儿：肯定不一样。

于是师幼一起商量设计了一个游戏——猜猜我是谁：把不同的物品放入瓶子中，摇一摇，听声音猜一猜它是什么。这时，又产生了一个问题，熙熙问：“老师，如果放在透明的塑料瓶里，我们一下子就看到它是什么了。”这该怎么办呢？荣荣说：“我们要找不透明的瓶罐，而且要用铁罐子，因为铁罐子发出的声音比塑料瓶大。”最终幼儿把收集来的铁罐子作为科学区的一个游戏材料，在罐子里放入了纽扣、小石子、鹅卵石、夹子等材料。

在游戏过程中，幼儿发现对他们来说，听声音的游戏很有趣，不过很简单，挑战性不高。《3—6岁儿童学习与发展指南》提出小班幼儿能用多种感官或动作去探索物体，关注动作所产生的结果。基于此，教师与幼儿商量决定将这个游戏材料分享给小班的弟弟妹妹，小班幼儿获得了符合他们年龄特征的游戏材料，大班幼儿也体会到了分享的快乐。

听一听罐子中的声音

猜一猜并放到相应图片上

继续放

打开检查

2. 美工区

在思考还能用瓶罐玩什么游戏时，幼儿提出可以在上面画画，于是他们拿着瓶罐在美工区试了试。

起初幼儿直接拿来了勾线笔，画后发现勾线笔无法在瓶子上绘画。幼儿开始想办法，苏苏说："那我们用水彩笔画画看？"幼儿拿来水彩笔开始绘画，但是苏苏发现水彩笔的痕迹会被擦掉。还可以用什么绘画呢？辰辰想了想说："我们教室里有毛笔，我们可以用毛笔蘸颜料画一画。"说完，幼儿就行动了起来。他们拿来毛笔、颜料和颜料盘，用毛笔蘸取颜料开始绘画。等颜料干了以后，乐乐说："颜料不会被擦掉，但是这个瓶子上好多字，有点儿不好看了。"看来瓶子上有很多字也是一个问题。

幼儿继续想办法在瓶罐上绘画，由于瓶子上都是字，直接绘画，会看不清图案，于是雨嫣想到了一个办法，她走到美工区的材料区指着颜料说："我们可以先把颜料涂在瓶子上，然后等它干了再在瓶子上绘画。"于是，幼儿开始尝试使用这个方法进行绘画。图案绘制成功了。

玥玥想到了不同的方法，说："我们在美工区玩过水拓画，图案可以印在画纸上，那么我们试试看能不能印在瓶子上。"几个幼儿拿来了水拓画的材料，他们先把材料原液倒入盘子里，然后在里面滴入色素，用刮针、梳子作画，最后玥玥将瓶子从盘子的一端滚向另一端。滚完后，幼儿发现色素在瓶子上化开了，图案看不清了。幼儿在探索操作中发现，水拓画在滑滑的瓶子上并不能成型，色素会滴落，并不合适。

歆歆表示还可以将毛线绕在瓶罐外面，这样也能覆盖上面的字，阳阳表示同意，还表示可以把完成的瓶罐变成花盆或者花瓶。宁宁想到自然角有很多可爱的小多肉，可以用黏土做成小多肉种到花瓶里。幼儿开始制作起小花盆。

用毛线在罐子上绕一绕

展示多肉小花盆

《3—6岁儿童学习与发展指南》指出，幼儿的学习是以直接经验为基础，在游戏和日常生活中进行的，教师要最大限度地支持和满足幼儿通过直接感知、实际操作和亲身体验获取经验的需要。幼儿在瓶罐上绘画时，教师提供了多种材料，引导幼儿自主探寻，寻找到适宜的绘画方式来装饰瓶罐。同时，幼儿还尝试使用毛线、黏土、彩纸等材料制作多肉盆栽。

3. 建构区

建构工地的幼儿正在建造高楼旁边的高架桥，睿睿在材料区里东翻西翻，眉头皱得紧紧的，原来是建高架桥需要一些柱子，可是柱子用完了，教师提醒幼儿想想能不能用替代物代替。于是，幼儿找来了瓶子，在尝试过程中发现，在瓶子上放积木的话，瓶子一下子就倒了，于是他们改用瓶口和底部一样大的罐子。

用罐子搭建的高架桥

除此以外，幼儿在美工区改造了许愿瓶，在科学区改造了小灯罩，在木工区改造了小桌子，还在户外游戏中开发了套圈游戏……

美工区：许愿瓶

木工区：小桌子

科学区：小灯罩

户外游戏：套圈

在与瓶罐互动游戏的过程中，幼儿不仅加深了对瓶罐的了解，还发现了很多有趣的瓶罐玩法，同时他们的动手探索、解决问题的能力都有了很大的提升。

（四）做瓶罐

阳阳说：“我们最近一直在跟瓶瓶罐罐玩游戏，它真的好有趣啊，我们能不能自己做瓶子或者罐子啊？”阳阳的问题很快引起了伙伴们的热议，宁宁说：“我觉得不可以，我们见到的瓶子很多都是塑料的、玻璃的、铁的，我们又没有这些材料，怎么做啊？”乐乐：“我也觉得不可以，我看过制作玻璃瓶的视频，它都是用很多机器做的。”萌萌说：“我觉得可以，我们不是有陶艺坊嘛，我们可以做一些陶瓶、陶罐啊。”牛牛：“对的，我们可以做陶瓶和陶罐。”羊羊说：“我们还可以在木工坊里做木罐子呢。”

在陶艺坊做罐子

作品展示

最后，和幼儿商量后，教师决定开展一次关于瓶子和罐子的陶艺活动，考虑到幼儿们现阶段的能力水平，教师设计了用搓泥条首尾相连的方法来制作瓶瓶罐罐。在制作过程中，幼儿都非常专注和投入。

（五）展瓶罐

随着活动的开展，幼儿制作的瓶瓶罐罐作品越来越多，已经迫不及待地想要去布置展览廊了。《3—6 岁儿童学习与发展指南》指出，幼儿要能够用自己制作的美术作品布置环境、美化生活。于是，教师引导幼儿想一想把作品摆放在哪里，以及怎么摆放才好看。大家以小组为单位又一次考察了展览馆场地。结合现有的展示品，幼儿回班级后画下了自己的展示想法。

考察展览馆

画展览方式

幼儿的想法很多，但最后从安全性、适宜性、美观性等角度出发选择了以下展览方式。

摆放方式表征

小组谈论后，幼儿开始根据设计图进行展馆布置。

布展

在布展的过程中，悬挂组遇到了两个小问题：墙顶很高，够不着；固定到墙顶很困难。《3—6岁儿童学习与发展指南》指出，大班幼儿活动时要能与同伴分工合作，遇到困难能一起克服；知道别人的想法有时和自己不一样，能倾听和接受别人的意见，不能接受时会说明理由。于是，教师引导悬挂组的幼儿针对两个小问题又进行了讨论，并将讨论的结果记录了下来。

幼儿表征：用梯子登高

幼儿表征：用椅子叠加桌子

幼儿表征：用三张桌子叠加

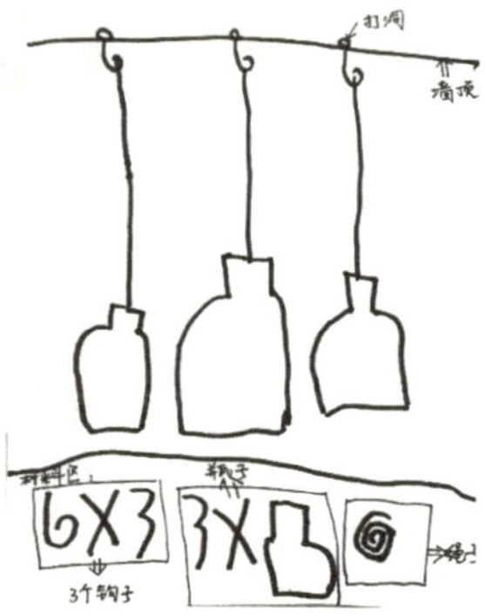

幼儿表征：悬挂需要的材料

最后，通过讨论，幼儿从安全、便捷，尽可能不破坏墙顶、墙面的角度出发，决定使用桌子上面放椅子、墙顶放羊角钩的方法解决这两个问题。

合作搬桌子

老师帮忙登高悬挂

在幼儿的通力合作下，瓶瓶罐罐展览馆终于布置结束了，幼儿露出了开心的笑容，有些拍着手直呼："太漂亮了！"

陶罐展示

瓶子桌展示

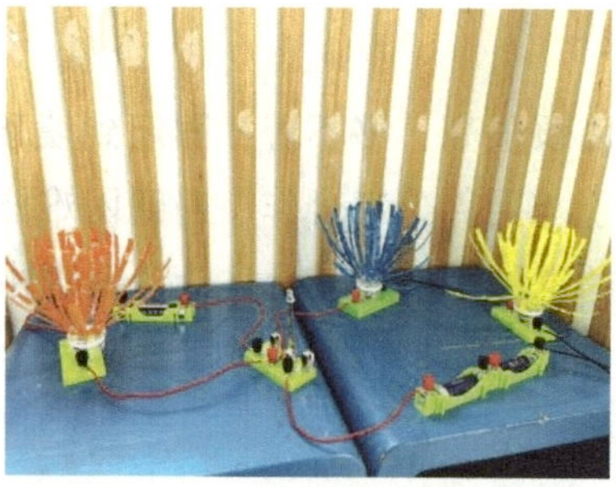

灯盏展示

中间悬挂及墙面展示

（六）说瓶罐

毛毛说："展馆这么漂亮，我觉得一定要邀请其他班的小伙伴来看看。"大家都表示赞同，回教室设计了一些邀请函，邀请其他班的幼儿前来参观。在参观时，本班幼儿自觉充当起了解说员，给其他幼儿介绍展览馆里的瓶瓶罐罐。

设计邀请函并邀请其他班幼儿参观

幼儿解说

四、经验分享

瓶瓶罐罐展览馆来源于幼儿的生活，在成人的支持下，幼儿动手动脑、亲身体验，感受瓶瓶罐罐带来的乐趣。在活动过程中，幼儿在自主探索、分工合作中解决了一个又一个小问题，获得了自信和成就感，也得到了能力的发展。

带你来看展

胡凯婷　谢婕妤

一、活动缘起

在一次散步中，大六班幼儿发现了木工坊的展示架上有许许多多的作品，这些作品精致美观，但是由于数量太多，展架上都快放不下了。没办法，幼儿的很多作品都只能被存放在班级的柜子里。如何让幼儿的作品更有价值？如何让更多的人关注到大六班幼儿的木工作品呢？在商讨中，幼儿萌生了举办木工作品展览的想法，并在教师的帮助下制订了展览计划。

老师：你们去过展览馆吗？展览馆里有什么？

汐汐：爸爸妈妈带我去看过画展，画展里有许许多多好看的作品，还有很多字是用来介绍的。

家骏：博物馆展示了许多作品和照片，还会有讲解员讲解。

文文：我觉得木工展览要有许多木工作品，还要有介绍和宣传单，还可以买门票进入。

在热烈的交流中，幼儿对如何举办一个展览有了初步的了解，并着手为木工展览做前期准备。

调查开办木工作品展览的可行性

二、活动开展

1. 场地选址

想要成功举办一个展览首先要选择一个合适的场地，木工展览应该在哪里举办呢？幼儿有自己的想法和理由。

明明：可以在天虹商场举办，商场里的客人很多。

晗晗：就在幼儿园进行展览，让小班、中班的弟弟妹妹和爸爸妈妈们来参观。

荧荧：我之前去了工人文化宫，看到了画展。我觉得我们的展览可以在文化宫举办。

最终，幼儿决定先在幼儿园进行木工作品展示活动。幼儿园里可以选择的场地很多，大家决定小组合作对幼儿园进行场地考察。

考察场地

幼儿在幼儿园里选出了三个合适的场地：

1 号场地：户外表演区，幼儿可以通过表演吸引别人，阳光下的展览会更吸引人，但是下雨天不能举办。

2 号场地：幼儿园大厅，空间较大，可以让所有的小伙伴都看到展览，但是晨检时可能会比较拥挤。

3 号场地：一号楼梯三楼楼梯口，比较安静，可以在散步的时候认真欣赏，离木工坊很近。

1 号场地表征

2 号场地表征

3 号场地表征

幼儿征求了园长的意见并通过投票选择了 3 号场地。

征求园长意见

投票表征

2. 作品统计与筛选

幼儿的作品丰富多彩，什么样的作品更有代表性，更能吸引人呢？幼儿来到木工坊，将所有作品收集了起来并进行了统计。

统计作品

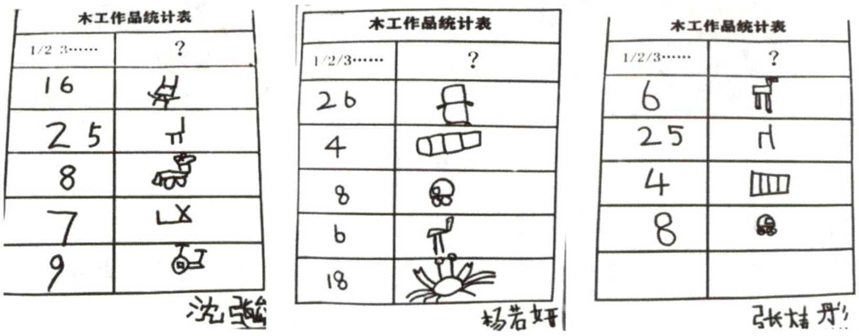

统计表绘制结果

为了使统计结果更加清楚，幼儿在教师的帮助下学习了如何绘制条形统计图和折线统计图。

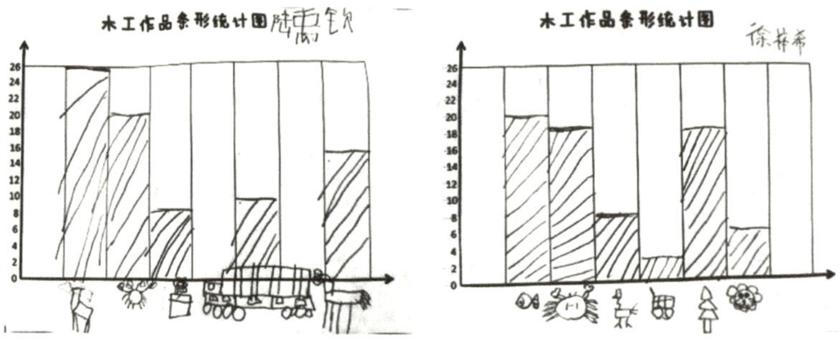

条形统计图绘制结果

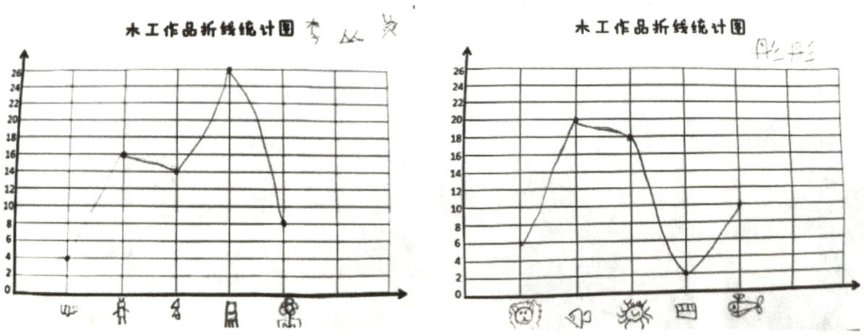

折线统计图绘制结果

幼儿在所有作品里选择了更有创意、更牢固的作品进行展示，并对剩余作品进行了改造、修理和优化。

优化木工作品

3. 布展进行时

一切准备就绪，如何布展呢？幼儿又激烈地讨论起来。

堂堂：我觉得要有好看的展示柜，我们班里镂空的柜子就很好看，如果用桌子展示就不太好看。

岚岚：我觉得可以在美工区做一些漂亮的手工品装饰这些作品，让作品变得更漂亮。

峻峻：可以放上一些我们制作作品的照片，把我们的故事告诉别人。

于是，幼儿分工合作，有的齐心协力把展柜搬到场地，有的和教师一起制作展览介绍，还有的负责将作品摆放出来。

合作布展

幼儿还绘制了展览宣传单，发给了其他班级的幼儿。

展览宣传单展示

4. 正式开展

大六班幼儿的木工展览正式开展后，各班级的教师和幼儿都纷纷来到展览区，欣赏大六班幼儿的劳动成果。

展览区

三、经验分享

“生活即教育”，幼儿是在做中玩、做中学的。在此次木工展览活动中，教师“全放手”给幼儿，贯彻陶行知“六大解放”的思想，让他们在直接感知、实际操作和亲身体验中有所收获。教师通过儿童会议的方式让幼儿出主意、想办法，参与班级活动，并鼓励幼儿自己制订活动计划并根据计划进行准备。在筹备木工展的过程中，幼儿分成了多个小组分别进行场地考察、作品筛选和统计、制作宣传单及邀请函等工作，各司其职，发挥着自己的作用，并从中获得自尊和自信。在活动过程中，幼儿遇到了各种各样的问题：用什么样的展示柜？如何摆放作品？怎样让作品更有吸引力？展览区域太空旷怎么办？……这些问题都是真实的，幼儿一起想办法，提出建议，敢想、敢说、敢做。他们不仅获得了知识，还培养了积极主动、认真专注、不怕困难、敢于探究和尝试、乐于想象和创造的学习品质。要让活动成为幼儿的自主活动，让学习成为幼儿的自主学习。

纸做的世界

居晓婷　钱怡静　周　赢

一、活动缘起

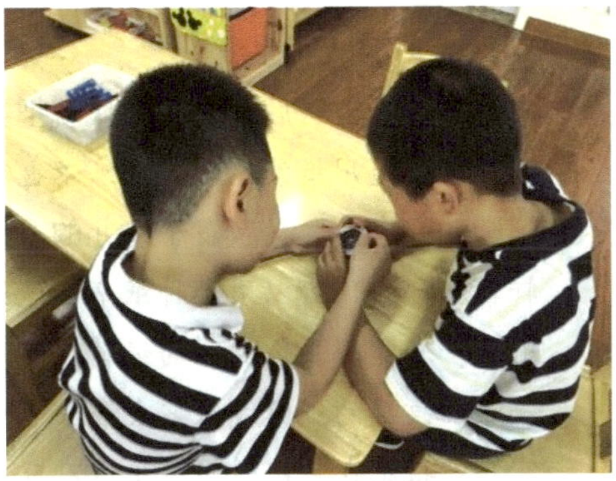

玩指南针

自从在科学区投放了指南针后，幼儿便围绕其展开了一系列的探索与讨论，不但发现了指南针的诸多秘密，还对中国的四大发明产生了浓厚的兴趣，而造纸术是幼儿非常感兴趣的发明之一。

《3—6 岁儿童学习与发展指南》指出：教师要从幼儿众多一闪而过的兴趣中捕捉到适合现阶段幼儿经验水平、对幼儿发展有价值的兴趣点，进而引导幼儿去探索、去发现。

于是，基于幼儿的兴趣，一场“纸的盛宴”拉开了序幕……

二、活动开展

（一）造纸初体验——我知“造纸”

纸到底是怎么造出来的？在教师的帮助下，幼儿了解了古代造纸术的相关历史。相传造纸术是由中国东汉时期的蔡伦发明的，造纸主要有三个步骤：首先是备制纸浆——选择新鲜竹子杀青、去皮、捶捣、漂洗、上浆；其次是抄纸，即把纸浆放入水槽中，用竹帘抄起；最后是焙干和刀纸。由于这种纸的原料容易找到，又很便宜，所以开始被普遍使用，后来人们把这种纸叫作蔡侯纸。

（二）造纸初体验——我试“造纸”

优悠：既然蔡伦发明了造纸术，那我们能不能也来试着造纸呢？

看造纸说明

优悠的提议引起了大家的兴趣，在教师的帮助下，通过家园合作，幼儿收集到了大大小小的抄纸网、脱水纸浆、废报纸、搅拌棒、干花等造纸材料。在幼儿的期盼中，造纸活动终于被安排上了。

1. 用“脱水纸浆”造纸

有了造纸材料，那如何造纸呢？幼儿认为，说明书的阅读必不可少。说干就干，大家开始合作阅读说明书，讨论并总结造纸步骤，而后便开始尝试自己造纸。大家分工合作，先用天秤称量 20 克纸浆，倒入 2 升水，用搅拌棒搅拌直到纸浆呈现糊状，用网格板均匀地兜住纸浆并沥干水分，加上干花后再浇上薄薄一层纸浆，放在平整处晾晒，第二天就可以将纸取下来了。

称量 20 克纸浆

用网格板抄纸

加上干花并铺上纸浆

2. 废纸巧变“再生纸”

掌握了造纸方法后，幼儿很快就把美工区的纸浆都用完了，接下来该用什么造纸呢？

圆圆：纸是用纸浆造的，但纸不也可以变成纸浆吗？我们能不能自己来用纸做纸浆呢？

圆圆的一席话，又激发了幼儿的造纸欲望。

轩轩：那我们可以用哪种纸来新造纸浆呢？

瓒瓒：我觉得我们画画的纸就可以用。

涵涵：画画的纸做成纸浆太浪费了吧！它们都是有用的呢！

宸宸：报纸也可以呀，美工区有废旧的报纸，还有玩陶泥时用的塞在鞋子里的纸。

希希：我们的资源架上还有很多小的纸板呢！

俊俊：纸板太硬了吧，纸浆都很软，我觉得要用软一点的纸来做。

说干就干，在教师的提醒下，幼儿去各个班级要来了各类废纸，准备进行废纸再利用。

收集废纸

考虑到纸的硬度，幼儿决定先用复印纸、拷贝纸来试试造纸。幼儿将它们分别撕成小块，倒入一些水，让碎纸浸泡一夜。第二天来园后，幼儿发现拷贝纸已经很烂了，而复印纸依旧是小块状，于是继续将其撕碎、捣烂，直到它们变成纸浆。

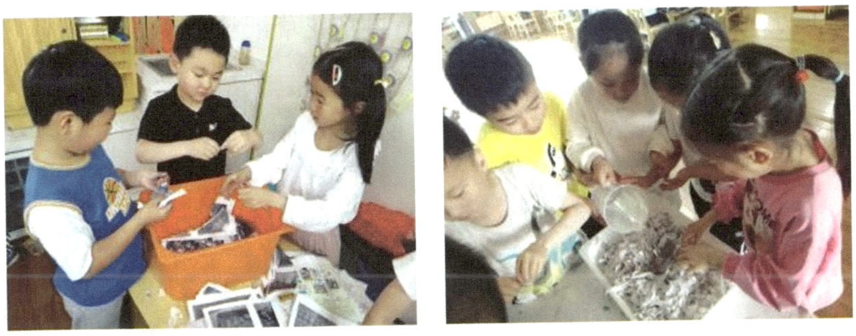

将废纸撕成小块并加水浸泡一夜

可问题又来了：之前造纸是有明确的配方的，这次是自己做纸浆，该倒入多少水呢？幼儿决定先试一试，在两个桶里分别倒入 3 升和 4 升水，搅匀过后开始造纸。抄纸时明显能感觉到水少的桶里纸浆特别厚。

用抄纸网抄纸

继续撕碎并加水浸泡

造好的纸展示

诺心：我猜复印纸的纸浆做出来的纸一定很厚。

蔓蔓：我也觉得，它的纸浆没有其他的细腻。

晾晒完成，大家将纸取下来后才发现，水少的复印纸浆造出的纸明显厚一些。可见再生纸的厚度与加水量是有直接关系的。

3. 用鸡蛋托造纸

既然废旧的纸可以用来制造再生纸，那么鸡蛋托也是纸制品，用它来造纸，结果是不是也一样呢？抱着试试看的心态，幼儿将鸡蛋托撕碎、加水浸泡了一夜。第二天来园后，幼儿惊奇地发现，鸡蛋托吸收水分后，竟然和大家想象当中的都不太一样。通过查阅资料才知道，鸡蛋托做的纸浆就像陶泥一样，可以随意造型。幼儿决定将其做成陶艺活动中制作过的花瓶，并在花瓶中塞入报纸进行定型。经过多天晾晒后，鸡蛋托花瓶真的做成了。

用鸡蛋托制作花瓶

4. “我”造的纸作用大

拿着漂亮的鸡蛋托花瓶，幼儿又陷入了思考：用鸡蛋托可以做出有用的花瓶，那么造好的纸又有什么作用呢？

在教师的带领下，幼儿了解了用花草纸做成的花草灯及花草扇。在木工坊，幼儿和教师共同完成了花草灯的框架，再将自制的花草纸粘在灯的外框架上，加上提杆和灯，一个漂亮的花草灯就完成啦！幼儿还在金工坊，用金属丝制作扇子的外框，再将花草纸粘在扇子外框上，一把自制的复古花草扇就完成啦！

自制花草灯和花草扇

（三）纸制品大聚会

原来，自己造的纸有这么多作用呢！难怪造纸术被列入四大发明之一，可见它在人们生活中发挥了超大的作用。

纸在我们现代生活中，更是不可或缺的。为了对纸有更多的了解，幼儿开展了“纸的聚会”大调查。通过家园合力，幼儿发现了生活中各种各样的纸，有皱纹纸、卡纸、瓦楞纸、锡纸、拷贝纸、复印纸、宣纸、牛皮纸、包花纸等。

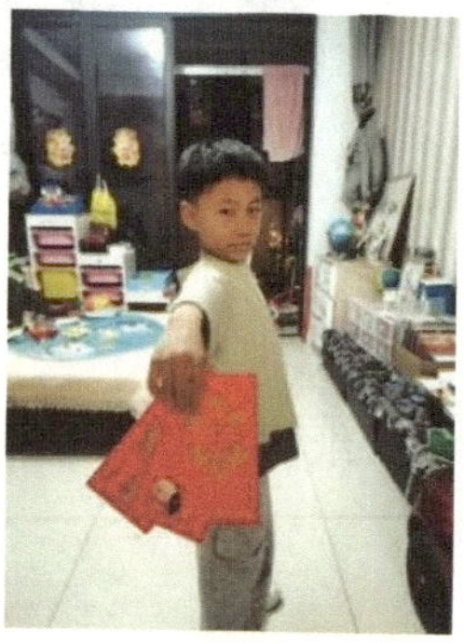

红包展示

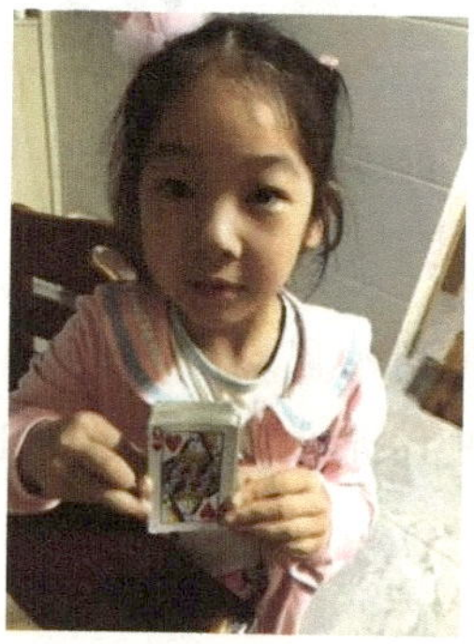

扑克牌展示

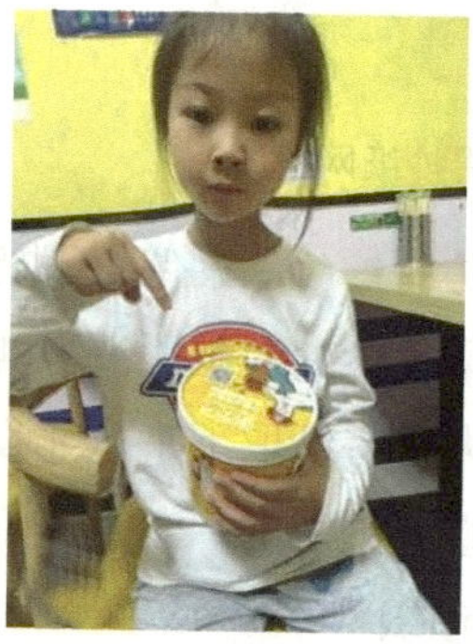

纸杯展示

介绍纸质品调查表

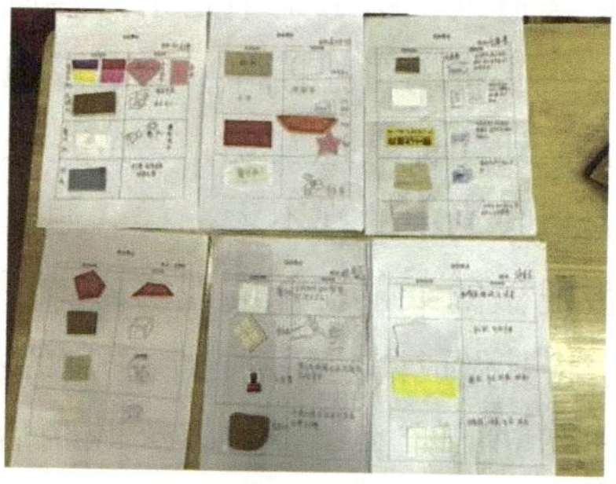

纸制品调查结果

“哇，原来关于纸有这么多的知识啊！如果我们可以把这些知识告诉更多的小朋友就好了！”

“我们幼儿园有展览馆，我们正好可以办一个关于纸的展览呀！”

“是呀，是呀……”

在幼儿的一致提议下，大家开始着手布置展览馆啦！

(四) 布展进行时

教师是幼儿的合作者、引导者和支持者，教师要激发幼儿的好奇心和求知欲，鼓励幼儿的探索行为。

想要布展，遇到的第一个问题是：我们展什么？

是呀，光有知识还不够，还得有漂亮的作品呀！可是生活中的纸制品虽然用处多，但美观度还远远不够，大家可以利用纸来制作哪些好看的作品呢？

幼儿通过集体欣赏、共同讨论，决定制作衍纸作品、瓦楞纸作品、纸浆作品、锡纸作品、皱纹纸作品等。

1. 木块上的衍纸

在衍纸工具的协助下，幼儿选择了各种各样的颜色进行圆形衍纸制作，并在制作衍纸的过程中发现只要将圆形衍纸卷得松一点，就可以将其捏成方形、三角形、爱心形、树叶形等各种衍纸，有的幼儿还在制作衍纸的过程中创造了多色衍纸圈。

制作圆形衍纸

有了不同造型、颜色的衍纸后，幼儿便开始制作衍纸作品。但是，衍纸展示在哪里比较好呢？于是，幼儿来到展览馆进行实地考察。

圆圆：衍纸装饰在纸上，可能太重了。

妍妍：我们可以把纸放在画框里呀，这样它就不会掉了。

优悠：你看，他们的画都是不凸出来的，这样才能装画框，我们的衍纸会凸出来，不能装画框。

考察展览馆

幼儿你一言我一语，争论不休。后来他们发现了展览馆里的挂钩，商讨后，决定将衍纸作品悬挂起来。

“我们之前做了小狮子钥匙扣，是可以悬挂的，我们可以把衍纸放在木片上，用钥匙扣悬挂起来。”

制作衍纸钥匙扣

小狮子钥匙扣展示

说干就干，在教师的协助下，幼儿将衍纸变成了衍纸花、竹子、蝴蝶、兔子等作品。

2. 花与花瓶

岩岩说：“我之前在天虹商场看到了用皱纹纸做的纸花，可漂亮了，我们也来试试看。”岩岩的提议得到了幼儿的一致赞同，大家通过网络、书籍等了解了皱纹纸花的做法后，开始剪花瓣，可是刚开始剪的花瓣怎么都竖不起来。在调整的过程中发现，皱纹纸花瓣需要沿着褶皱竖着剪，并将褶皱轻轻拉开，这样才能对花瓣更好地进行造型。

在制作过程中，幼儿有的卷花蕊，有的做花瓣，有的剪花托，最后再组合起来，很快，喇叭花、荷花等漂亮的花就制作完成了。此外，幼儿还学会了使用餐巾纸来制作花朵，漂亮的向日葵也随即制作完成。

制作纸花

有了漂亮的花，怎么能没有花瓶呢！经过查阅相关资料，幼儿学习了制作三角插花瓶、折纸花瓶、鸡蛋托花瓶等，一个三角插花瓶需要上百个三角折纸，但这一点也难不倒幼儿，一有空，幼儿就开始折三角插，并将它们一个个插起来，最后成了漂亮的三角插花瓶。幼儿还对第二个三角插花瓶进行了配色，让它变得更加美观。

制作花瓶

鸡蛋托花瓶展示

三角插彩纸花瓶展示

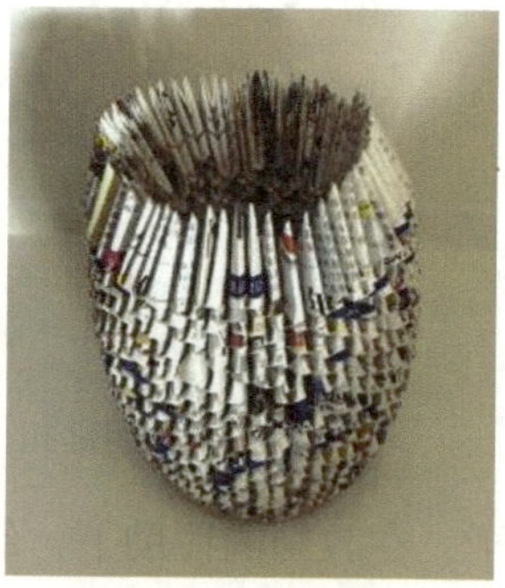

三角插报纸花瓶展示

3. 宇宙与海洋

幼儿对铝箔纸并不陌生，之前他们也用它制作了漂亮的版画，这一次，幼儿决定利用好铝箔纸亮闪闪的特点。在查阅资料的过程中，幼儿决定制作浩瀚的“宇宙空间”及神秘的“海底世界”。大家一起绘制了海底世界里的动植物等；也用超轻黏土混合的方式捏出了各种星球，用水彩笔画出了外星人、宇宙飞船等，最后将其装饰在用铝箔纸制作的海底、太空背景中，加上了蓝色彩灯，静谧的“海底世界”“浩瀚的太空”及一览无遗，十分漂亮。

用超轻黏土制作星球

用纸盘制作星球

锡箔纸作品之“神秘太空”

锡箔纸作品之“海底世界”

4. 瓦楞纸的创想

瓦楞纸太硬了，所以幼儿请爸爸妈妈帮忙制作了瓦楞纸作品。爸爸妈妈们心灵手巧，蘑菇房、乌篷船、猫头鹰、公交车等作品栩栩如生！

亲子制作瓦楞纸作品

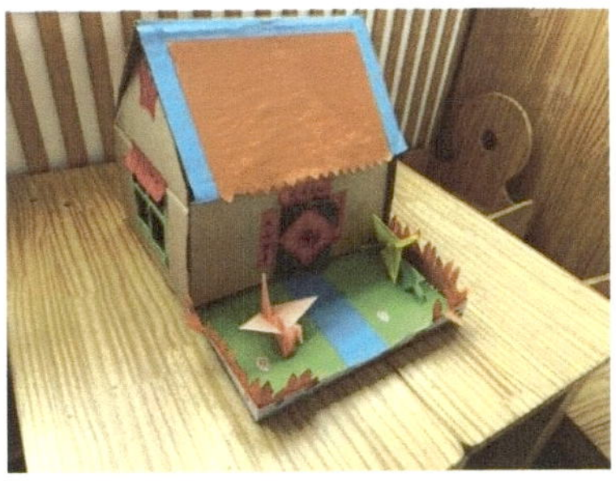

瓦楞纸作品之“我的家”

瓦楞纸作品之“蘑菇屋”

（五）开展

作品完成后，幼儿按照前期的设想，将作品一件件搬运至展览馆，并按照其形态进行摆放、悬挂、粘贴等，做不同的展示。

幼儿还邀请了其他班级的小朋友们来参展，其他班级的小朋友在小小讲解员的讲解基础上，给展览提出了宝贵的意见。

搬运展品

摆放展品

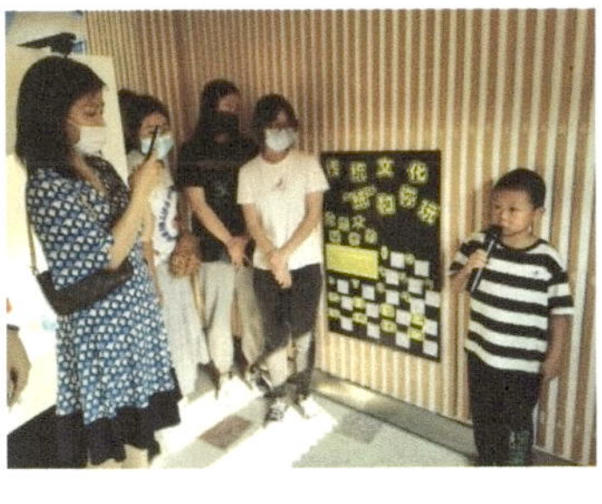

讲解

三、经验分享

《3—6岁儿童学习与发展指南》指出，“成人要善于发现和保护幼儿的好奇心，充分利用自然和实际生活机会……帮助幼儿不断积累经验，并运用于新的学习活动，形成受益终身的学习方法和能力”。教师从幼儿的兴趣出发，将活动的主动权交给幼儿，从活动的安排到作品的展出，都是幼儿自主，教师跟随指导。这就是属于幼儿的一场纸艺文化的盛宴。幼儿在欣赏纸艺作品的同时，也感受到了中华文化的博大精深。同时，这也使幼儿感受到了艺术领域创作的多元化和多样性，让其在艺术发展方面有无限的可能性。

遇见“泥”，遇见你

张羽恬　沈筠妍

在元和幼儿园三楼的成长廊里有一座展览馆，这里曾经做过“扎染”“京剧”的展览，那这次又会展览些什么呢？

开展陶艺活动

一、活动缘起

大班师幼开展了陶艺活动。在土星坊中，幼儿用白泥、黑泥、黄泥、紫砂泥，通过擀泥、搓条、围拢、压印、粘贴等方法，制作了许多美观的陶艺作品。可是，那么多陶艺作品该如何展示呢？这引发了幼儿的思考和讨论。追随幼儿的兴趣，教师和幼儿一起开展了一期有关陶艺的专题展览。

陶艺作品展示

二、活动开展

（一）规划展览馆的布局

到底要怎么布置陶艺展览馆呢？让幼儿先去参观一下展览馆吧。在展览馆里，幼儿观察到有很多展柜，还有可以展示的墙面。

“我觉得展柜上可以摆放我们制作的陶艺作品。”

“是呀，我们制作的点心盘、小泥人、人脸……都可以放上去展示。”

“展示的时候应该对陶艺作品进行分类，这样会更好看。”

参观展览馆

“墙上面可以做些有关陶艺的小知识展示，让小朋友们更了解陶艺。”

“要不我们来画设计图吧，先把我们的想法画下来，再去布置，这样就知道该怎么展示啦。”

于是，幼儿回到教室后各自绘画了陶艺展览馆的设计图，最终通过投票选出了一张最合适的规划设计图。

绘制、介绍自己的设计图并进行小组推选

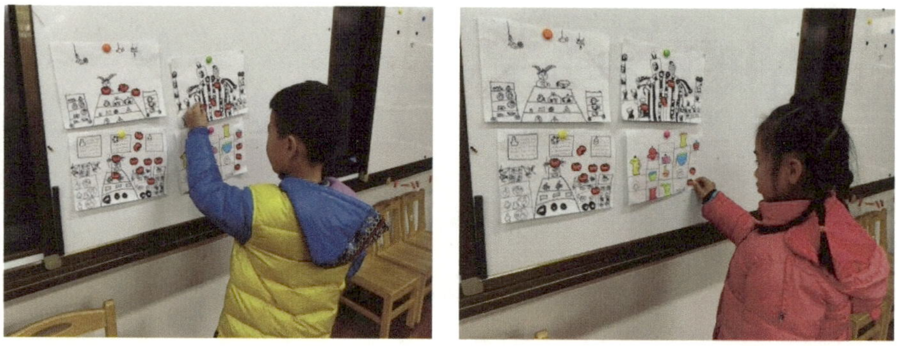

集体投票

投票统计

最适合的规划设计图

《3—6 儿童学习与发展指南》建议：幼儿要在成人的帮助下能制订简单的计划并执行。在布展前先绘画设计图，可以帮助幼儿更合理地规划展览馆场地，在布展时也会更有计划性和目的性。

（二）布展

有了前期的规划，幼儿开始布置陶艺展览馆。但在布展过程中，幼儿遇到了一些难题。

1. 展柜缺少作品怎么办

幼儿把在土星坊制作的点心盘、小泥人、人脸、房子、肥皂盒、柿子等都摆放到了展示柜上，开设了幼儿创作展览区。

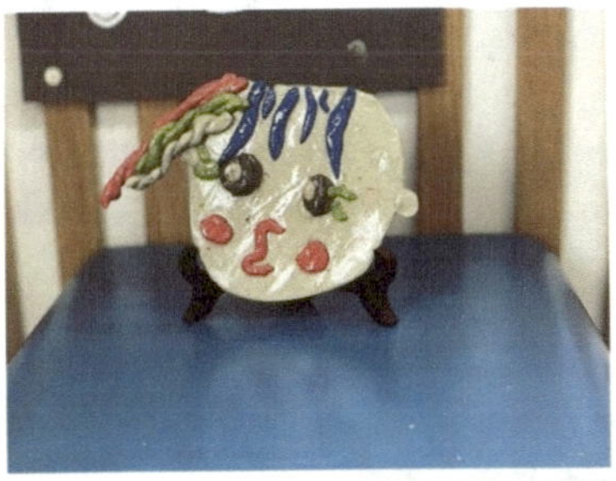

创作展览区

可是，还有一些展示柜上还是空空荡荡的，这该怎么办呢？

“我家里有很漂亮的陶瓷盘子，可以带过来展示。”

“我家也有陶瓷小花瓶，我可以拿来。”

“展示柜上还可以悬挂作品，有什么陶艺作品可以悬挂起来呢？”

“要不我们再去土星坊制作一些可以悬挂的作品吧，这样就可以装饰陶艺展览馆了。”

空荡荡的展柜

于是，幼儿回家收集了陶瓷盘子、杯子、茶壶、花瓶、挂件等，将其摆放到了原本空荡荡的展柜上。陶艺展览馆里又开设了一个陶瓷制品展览区。

幼儿还去土星坊制作了饺子鱼，在饺子鱼身上打个洞，这样就可以悬挂起来了。

展柜布置好后，幼儿发现墙面上空荡荡的，于是他们想起了设计图中的介绍区并决定将对陶艺文化的介绍展示在墙面上。

陶瓷制品展览区

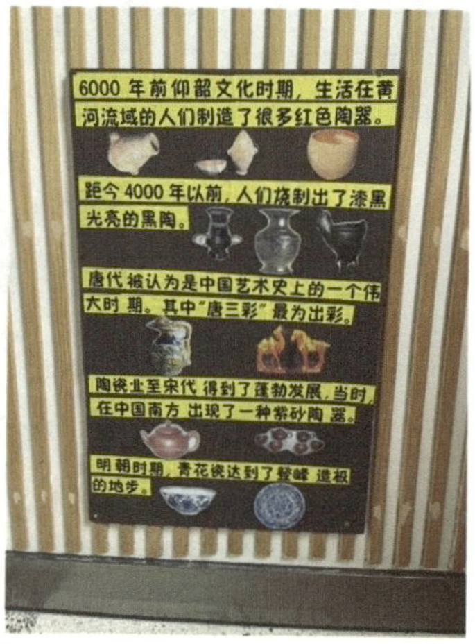

陶瓷文化展览区

2. 薄薄的作品怎么展示

在选择要展示的作品时，小金一眼就选中了自己做的大盘子。但是开始布置时，他却遇到了一个不小的麻烦。盘子很薄，直接放在架子上会滑下来，平放着又观察不到好看的花纹，这该怎么办呢？

“我觉得我们可以把它挂起来。”小湄看到了说。于是，他们拿着盘子去试了试，却发现盘子太重了，也没有洞，没有办法挂起来。

小湄又想到了新办法：“我觉得需要一个架子把盘子架起来。”

“可是哪里有架子呢？”

“要不我们自己去木工坊做一个架子吧。”

“我也可以从家里带一个架子来，我们家有放盘子的架子。”

发现问题并讨论

幼儿讨论后决定先去木工坊做一个支撑架，再从家里带一个过来，比一比哪个支撑架更适合摆放他们的展品。

制作支撑架

进行观察、对比

经过尝试，幼儿发现陶艺作品形状各不相同，自己做的木制架子适合放手印、人脸等比较平面的陶艺作品，而从家里带来的支撑架则更适合放盘子、碗等陶艺作品。

支撑架展示

3. 怎么知道是谁的作品

布置好陶艺展览馆后，幼儿寻找着自己的作品。琪琪指着点心盘说："看，这个是我做的。"夕夕找到了自己做的人脸，也兴奋地说："快看，我的人脸在这儿。"

"可是来参观的小客人都不知道这些作品是谁做的呀？"

"我也想让大家知道我的作品是哪个。"

"要不让老师给我们在作品边上贴个名字吧。"

"这是个好主意，这样就可以让讲解员介绍作者啦。"

在作品上贴上制作者姓名

在作品上贴上制作者姓名后，幼儿高兴地说："这样大家都知道这是我的作品了，一定会觉得我很棒！"是呀，将作品和制作者姓名展示出来，可以让幼儿获得满满的成就感和自豪感，让他们成为陶艺展览馆的"主人翁"。

4. 突发：展柜上的展品被打碎了

在布置展览馆时，一名幼儿无意中碰到了一件作品，作品从展架上掉了下来，咔嚓一声碎了。这个幼儿被吓了一跳，默默流起了眼泪。而这件展品的制作者也气呼呼地说："为什么会这样？"

回到班级后，大家对这一事件进行了讨论。

"今天有一件展品被打碎了，怎么会这样呢？"

"因为有小朋友不小心碰到了它。"

"因为我们展示的是陶瓷，陶瓷非常脆弱，如果不小心碰到就会碎掉。"

通过讨论，幼儿知道了陶瓷的特殊性：易碎。针对展品易碎这一特点，可以采取哪些措施来避免这种情况的发生呢？

“我们要告诉来参观的小朋友不要用手去触摸作品。”

“参观的人数要少一些，大家要轮流参观。”

“还要好好排队，不能打打闹闹。”

“讲解员也可以提醒参观的小朋友，要用小眼睛看，用小耳朵听。”

“还可以安排两个“保安”站在角落里，维持参观的秩序。”

“我们把参观要注意的事情画下来吧，这样就可以提醒小朋友们了。”

幼儿根据讨论内容制作了参观须知，贴在陶艺展览馆的入口处，还选出两名“保安”来维持参观秩序。

作品被打碎

制作参观须知展板

维持秩序的小“保安”

因此，在整个布展过程中，教师将所有的问题都交给了幼儿，让幼儿自己去探索、发现、讨论，大大提高了幼儿解决问题的能力。

（三）开展

陶艺展览馆布置好后，幼儿自己设计了邀请函，邀请了许多小朋友来参观。在小小讲解员的讲解声中，参观的小朋友欣赏到了美丽的展品，了解了更多关于陶瓷的小知识，收获颇丰。

邀请其他班级幼儿来参观

参观进行时

三、经验分享

中华民族发展史中的一个重要组成部分就是制陶发展史。开设陶艺展览馆就是将民族艺术与幼儿兴趣有效结合的结果。在活动中，幼儿主动探索、发现问题，最后圆满地解决了问题。幼儿的社交能力、探究能力、艺术表现能力在这一活动中得到了很大提升。

遇见桥梁

李方圆　茅霞婷

在某次踏青活动中，大三班幼儿萌发了以“桥梁”为主题的展览意愿，为什么选择桥梁呢？这还要从安安去宝带桥游玩说起。

一、活动缘起

春暖花开，正是踏春的好时节，某天教师和幼儿聊起了最近的春游经历，安安给大家介绍了苏州的宝带桥。

安安：宝带桥是一座非常古老的桥，它由很多石块砌成。这座桥很长，有300多米，一共有53个桥洞，是古桥当中桥洞最多的。爸爸妈妈说这座桥不仅在苏州非常有名，而且在全中国也很有名，别的地方的人也知道它。

安安的分享勾起了其他幼儿的兴趣，大家结合自己的经验说了说自己看见的桥。

朗朗：苏州是江南水乡，有很多河流，也有很多桥，我家旁边就有一座桥呢！

桉桉：我在苏州也见过很多桥，而且每一座桥都不一样，我们幼儿园后面就有一座桥。

二、活动开展

（一）亲子调查：我认识的桥

老师：除了宝带桥，苏州还有很多桥，相城区这边也有一些特殊的桥。

相城区有哪些桥呢？为了帮助幼儿进一步了解桥梁，教师设计了调查表《相城大桥我知道》。

塔影桥

锦荷桥

陆慕南桥

太东路大桥

调查表展示

幼儿带上相机和调查表，在爸爸妈妈的协助下寻找相城区的桥，对桥的名称、建筑材料、地理位置、外形特点等进行了记录。

朗朗：悉尼桥是一座用钢筋、水泥造的桥，桥上面有很多三角形结构，很稳定。

安安：镜苑桥是一座由石头砌成的桥，桥的两侧各有6只石狮子……

柠檬：太东路大桥有尖尖的顶，整座桥是绿色的。

舟舟：蠡祯桥最近被评为了相城美丽建筑物……

幼儿介绍悉尼桥

幼儿介绍镜苑桥

幼儿介绍太东路大桥

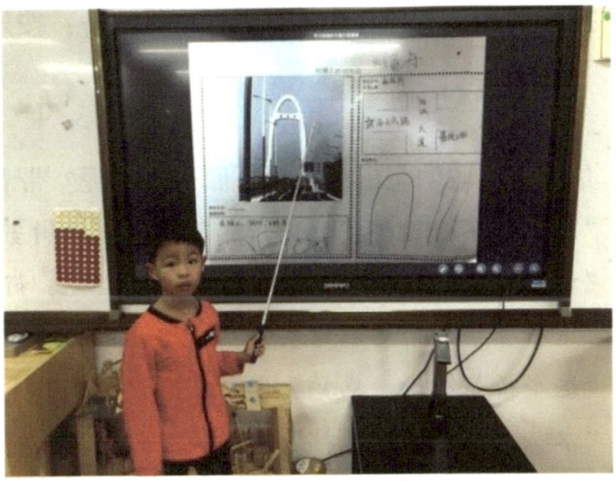

幼儿介绍蠡祯桥

幼儿分享了调查过程中的一些趣事，介绍了华元路的塔影桥、广济北路的悉尼桥、吾悦广场西边的蠡祯桥、漕湖的东钱泾桥等。在分享交流中，他们对相城区的桥更加了解了，特别是对于那些平时不怎么走的桥，没去过的幼儿有了要去亲眼看一看、走一走的想法。

（二）谈话活动：什么是桥

为什么这么多不同的桥的名字里都有“桥”字呢？桥是什么？幼儿观察对比了一些他们调查过的桥，发现桥有几个共同特点。

“我发现桥都是建在河上面的。”

“桥都是架起来的，下面是腾空的。”

“人和车能从桥上面通过，非常方便。”

“上次认识中国民居的时候，我记得有人说苏州经常下雨，所以河比较多，就需要桥。”

“桥像一根线连接两边的路。”

“不光是河，我看到有的桥还建在比河更宽的江上面，比如苏通大桥，还有的桥建在海上面。”

在调查交流中，幼儿发现有水的地方就会有桥，并得出了结论：桥是建在河、湖、江、海上能使车辆、人等顺利通行的建筑。

《3—6 岁儿童学习与发展指南》指出：“成人要善于发现和保护幼儿的好奇心，充分利用自然和实际生活机会，引导幼儿通过观察、比较、操作、实验等方法，学习发现问题、分析问题和解决问题，帮助幼儿不断积累经验，并运用于新的学习活动，形成受益终身的学习方法和能力。”在确定展览馆主题的过程中，幼儿对生活中的桥产生了兴趣。结合大班幼儿对自己感兴趣的问题总是喜欢刨根问底的特点，教师及时引导，为幼儿提供进一步探究的记录表。幼儿走出校园，实地考察，分享了自己的调查结果，尝试归纳桥梁的特点，最后发现了桥梁的本质。在整个调查活动中，幼儿的科学探究能力、形状空间感知能力及语言表达能力有了一定的提高。

（三）语言区活动：给桥分分类

星星：镜苑桥和小庄桥怎么是差不多的啊，都有拱形的桥洞，而且都是用石头堆成的。

结合幼儿的发现，教师引导他们对桥进行了分类。

按年代，可将桥分为古石桥、现代的桥；按外形，可将桥分为梁桥、斜拉桥、拱桥、悬索桥。

（四）谈话活动：桥是怎么来的

是谁那么聪明想出来在河上面造桥的呢？带着疑问，教师引导幼儿了解了桥的发展历史。

“原始人不会造桥，他们居然用倒下来的树当桥！”

“还有石头的咧，可是怎么感觉很危险呢，好像一不小心就要掉下去了。”

“这种藤条的桥结不结实啊？汽车开上去应该会断掉吧。”

“这个桥好破呀，感觉要塌了。”

“木头都被雨水腐蚀掉了。”

“这座桥是用钢筋水泥搭建的，我觉得真牢固！”

在谈话中，幼儿认识了一个新词：桁架。桁架的三角形结构很牢固，而且金属桁架比木头桁架更加耐用。随着时代的发展，身边的木桥逐渐被替代，常见的都是相对结实的石桥和钢铁桥。

（五）语言活动：桥梁是怎么建起来的

幼儿观看了造桥的一些图片，看到了工人叔叔工作的场景，明白了一座桥的诞生好比盖房子，离不开设计师、工程师、焊工等人的辛苦付出。

老师：小朋友们，你们知道吗？自古以来人们就有遇水搭桥、迎难而上的精神。你知道中国哪位桥梁建造大师最有名吗？

在教师的带领下，幼儿了解了茅以升的故事，了解到茅以升是如何成为造桥名人的，以及钱塘江大桥建成 89 天后就被他炸毁的整个经过。那句“造桥是爱国，炸桥也是爱国”深入人心，他的伟大壮举令幼儿非常钦佩。

了解茅以升和钱塘江大桥的故事

《3—6 岁儿童学习与发展指南》中关于培养归属感的教育建议指出，教师应该向幼儿介绍反映中国人聪明才智的发明和创造，激发幼儿的民族自豪感。在活动中，围绕“造桥”这个话题，造桥者们与钱塘江大桥建造背后的故事久久萦绕在幼儿的耳边，一颗颗爱国的种子被播种在他们心田。

（六）美工区活动：我设计的桥

了解了那么多桥梁的知识，接下来幼儿尝试设计自己喜欢的桥。

幼儿设计的大桥展示

各种各样的桥展示

（七）建构活动：我搭建的桥

（1）建构区：我是造桥小能手

跨江大桥展示

尖顶桥展示

（2）科学区：桥梁承重实验

观察没有钢索的桥

观察有钢索的桥

（3）成长廊、建筑天地：我是造桥大师

阿基米德石拱桥展示

碳化积木斜拉桥展示

（八）亲子活动：制作身边的桥

幼儿的学习特点是以直接经验为基础，在游戏和日常生活中进行的。教师为幼儿创造了一个关于梁桥的游戏环境，使幼儿关于桥的经验有了进一步的提升。

用雪糕棒搭建的桥

用乐高积木搭建的桥

用纸板搭建的小庄桥

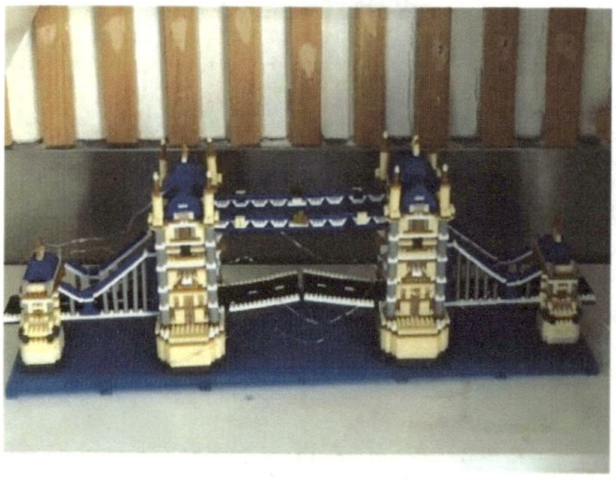

用各种材料搭建的伦敦桥

(九) 展览活动

1. 前期准备

桐桐：唉，最近我们一直在学习关于桥的知识，也画了很多不一样的桥，而且还用各种不同的材料造桥，有这么多桥，能不能放在展览馆给其他班的小朋友看呢？

萌萌：对呀，要不我们就在展览馆做一个关于桥的展示吧！

经过讨论，大家觉得这个提议不错。于是，幼儿向园长提出了申请，将自己的想法告诉了她，并获得了同意。

幼儿：耶！太好了，我们要开展览馆了！我们的展览馆叫什么名字呢？

幼儿：既然是关于桥梁的展览馆，那就叫桥梁展览馆吧。

展些什么呢？大家决定将自己的桥梁放在展览馆供别班的幼儿欣赏、了解，同时为了丰富展览馆，在教师的帮助下，幼儿制作了桥梁知识展板。

老师：桥梁放在展览馆，如何布置才更好看呢？

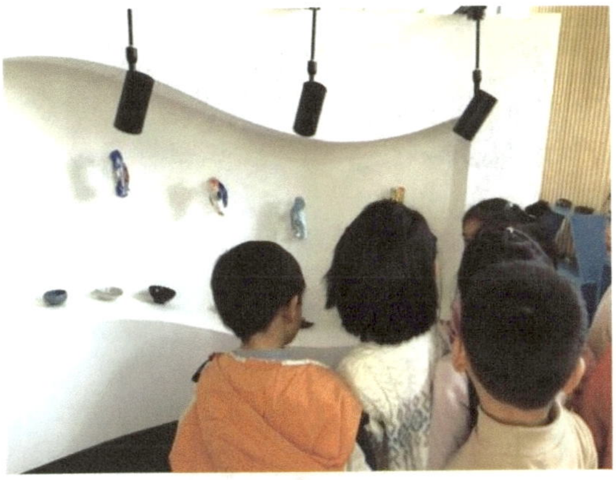

观察场地

规划场地设计

多多：桥的模型都比较大，而且底部是平的，适合放在平平的柜子上。

汤圆：我想把我们调查过的相城区的桥放进去，这样其他班的小朋友一看就知道相城区有哪些桥，也会知道它们都是什么样子的。

肉肉：可以把展览馆扩大一些，我们去了很多专室搭桥，那些地方可以作为展览馆的一部分。

结合幼儿的回答，教师进行了梳理，并和他们一起进行布置准备。

剪文字

塑封图片

制作展板

固定展板

完善作品

装饰调查表

搬运作品

调整柜子

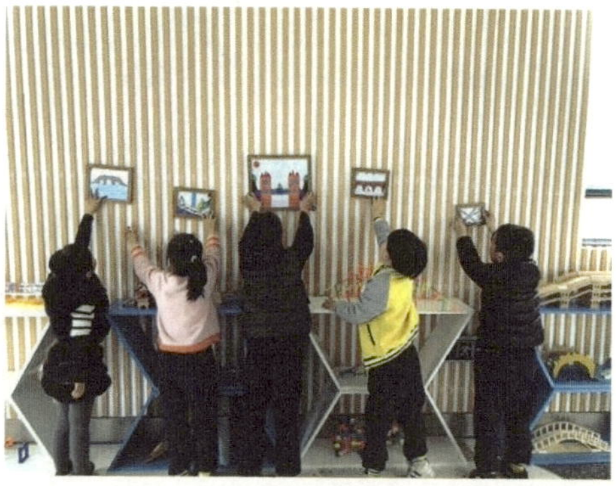

进行摆放与展示

贴上展览馆的名字

2. 桥梁展览初体验

展览馆布置好了，看到布局整齐、内容丰富的展览馆，幼儿开心极了，都想进去看一看。

（1）初次参观桥梁展览馆

参观展览馆

3. 围绕展览建议改善服务

（1）展览建议

在教师的引导下，幼儿站在游客的角度参观了展览馆，对展览提出了宝贵的建议。

老师：参观完我们的展览馆，你们有什么感觉？你们觉得我们的展览馆还有哪些地方可以做得更好？

幼儿对展览馆赞不绝口，但也提出了一些需要改进的地方。

诚诚：展览馆需要讲解员讲解，虽然我们知道桥梁展览馆里有什么，但是别班的小朋友不是特别清楚。

小艾：感觉需要一些明显的指示标志，比如箭头，因为以前的展览馆只有中间一个地方，我们的互动区很容易被忘记。

萱萱：受到邀请的小朋友才能来，如果一下子来很多人，会很拥挤，所以我们还要制作一些邀请函，可以每天邀请一些人来。

（2）改善服务

① 选拔讲解员：幼儿踊跃报名争当讲解员，如何选择呢？就看谁对展览馆最熟悉，讲得最好。

争当讲解员

介绍自己喜欢的桥

最后，幼儿从讲解员的知识掌握程度、讲解流畅度、仪表、站姿等方面综合考虑，投出了自己宝贵的一票，选出了展览馆的讲解员。

小小解说员们

② 完善细节：

制作引路牌

制作以桥梁为元素的邀请函

③ 邀请小朋友和老师：

邀请小朋友

邀请老师

4. 桥梁展览进行时

“大家好，欢迎来到桥梁展览馆。”

“听名字就知道，这里展出的东西都和桥有关，具体有些什么呢？请大家跟随我的脚步，一起来看看吧！”

介绍展览馆

介绍桥的历史

“展览馆里一共有9个方面的内容，分别是‘什么是桥’‘桥的历史’‘造桥名人’‘桥的不同类型’‘桥之最’……”“这座桥叫宝带桥，是苏州有名的桥之一……”

介绍最长的桥

参观的幼儿探索桥梁承重

参观的幼儿搭桥

三、经验分享

桥梁展览馆的成功展出，得益于幼儿的好奇心和求知欲，也离不开家长的支持与陪伴。幼儿一方面积累了很多关于桥梁的经验，提升了自身各方面的能力；另一方面挑战了自我，将自己对桥的感悟创造性地投射到空白的展览馆中，获得了成就感。更值得感叹的是幼儿为祖国的伟大而感到自豪，具有了强烈的归属感。这不禁让人想起“少年兴则国兴，少年强则国强”。

扎染的秘密

陆恺迪　童树屏　朱玉茗

一、活动缘起

在生活中，幼儿被精美的扎染上衣深深吸引，常常讨论“扎染究竟是怎么一回事”“漂亮的图案是画出来的吗”等问题。大小不同、形状各异、花纹多样的扎染作品引发了幼儿浓厚的兴趣。幼儿园一日生活即课程，在课程游戏化的背景下，结合幼儿的兴趣和需求开发活动，有利于幼儿的各方面发展。以幼儿对扎染的好奇心为切入点，引导幼儿了解、感受扎染文化，可以激发幼儿对不同艺术形式及中国灿烂悠久的手工工艺的热爱。为此，教师从扎染工艺着手，以创设扎染展览馆为契机，结合幼儿的发展需要，开展了一系列与扎染有关的策展活动。

二、活动开展

（一）初遇扎染：扎染从哪里来

“扎染究竟是怎么回事儿呢？”基于幼儿对扎染的兴趣，也为了让幼儿更加充分地认识扎染的特点，教师鼓励幼儿开展了寻找扎染的活动。

1. 收集与欣赏

《3—6岁儿童学习与发展指南》指出：“支持幼儿在接触自然、生活事物和现象中积累有益的直接经验和感性认识。”在家园合作下，幼儿带来了扎染的帆布包、围巾，还带来了白族扎染的大方巾、彝族娃娃、有贴花纹样的马甲、扎染风格的零钱包等；幼儿对扎染的分类也有了初步的了解。

在家里，通过和爸爸妈妈一起查找有关扎染的资料，幼儿了解到扎染是中国民间传统而独特的工艺。在欣赏扎染作品时，幼儿发现方巾上的花纹、图案和风格各不相同。在教师的介绍下，幼儿知道了扎染主要分为白族扎染、彝族扎染和自贡扎染。

扎染品展示

2. 记录与调查

进行扎染还需要哪些工具和材料呢？新的问题又出现了。有的幼儿说扎染的时候要带好一次性手套，桌面上要铺好一次性桌布，有的幼儿说需要很多的皮筋。在讨论中，幼儿你一言我一语，将平时看到的、用到的、查到的都说了出来，于是教师结合幼儿的疑惑设计了一张调查表，帮助幼儿进一步探索、了解扎染所需要的工具和材料。

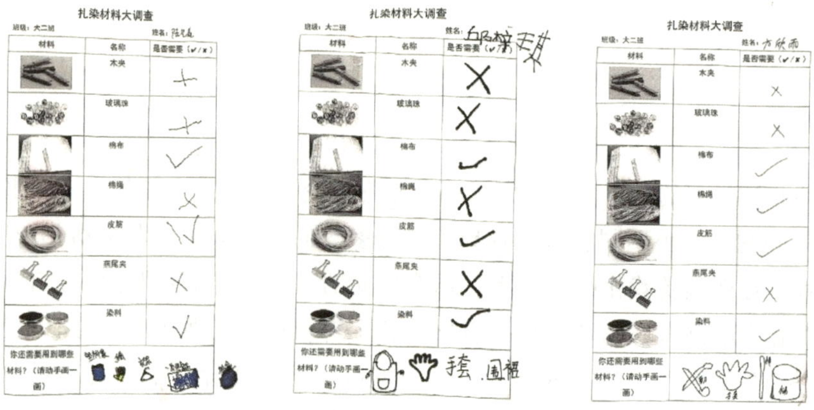

调查结果

在教师和家长的帮助下，幼儿通过收集、欣赏、调查与分享，知道了扎染的基本方法和分类特点，也了解了扎染工艺的广泛应用。通过亲自搜集、探索和调查，幼儿丰富了对扎染工具的认识。

（二）体验扎染：如何扎，怎么染

收集材料后，幼儿开始了尝试。他们一有空就会去看看染料、玩玩皮筋，还会摸摸染好的方巾。更多的幼儿想要亲手扎一扎、染一染，探索扎染到底是怎么一回事。

1. 如何使用扎染材料

扎染工艺分为扎结和染色两部分。它是通过纱、线、绳等工具，对织物进行扎、缝、缚、缀、夹等多种形式组合后进行染色。如何将复杂的程序简单化，激发幼儿对扎染的兴趣？教师决定从幼儿最喜爱的游戏入手。在集体学扎法中，首先将幼儿平时喜爱的弹珠包裹在一块白色的棉布中，并用橡皮筋扎紧，染色后让幼儿猜测打开后会是什么图案，幼儿的猜测大同小异，觉得跟拓印差别不大，但是打开后颜色的深浅、图案的形状变化，给予了幼儿更大的想象空间，这对于幼儿来说更像是一个新奇的魔术。

学用扎染材料

2. 感受花纹的秘密

在染料的盒子里有说明书，展示了扎染的方法，如波纹法、螺旋法、扎结法、夹扎法、扎揪法和触电法。教师将说明书中的图片放大、打印后制成步骤图投放在区角里，帮助幼儿通过自己的探索来体验不同的扎染方法，感受花纹的秘密。

制作并展示扎染作品

（三）展示扎染：扎染展览馆

幼儿的扎染作品越来越丰富，他们在展览馆一边摆放扎染作品，一边思考最佳的展示方式。茜茜把抱枕放进了梯形的柜子里，因尺寸正好而感到满意。心怡一边比画一边思考把绣绷挂起来的方法，她想尝试用单面胶粘贴。最后在教师的帮助下，作品被一一摆放到幼儿觉得适合的位置，展览馆布置完成了。

1. 邀请函的制作与赠送

扎染展览馆已经布置好了，幼儿想要邀请谁来参观呢？幼儿想到了好朋友、爸爸妈妈、爷爷奶奶和老师，他们想要做一张邀请函。于是画一画、剪一剪、贴一贴后，第一组幼儿将漂亮的邀请函送给了大班幼儿，邀请他们中午来参观，并在展览馆留言册上写下感想。

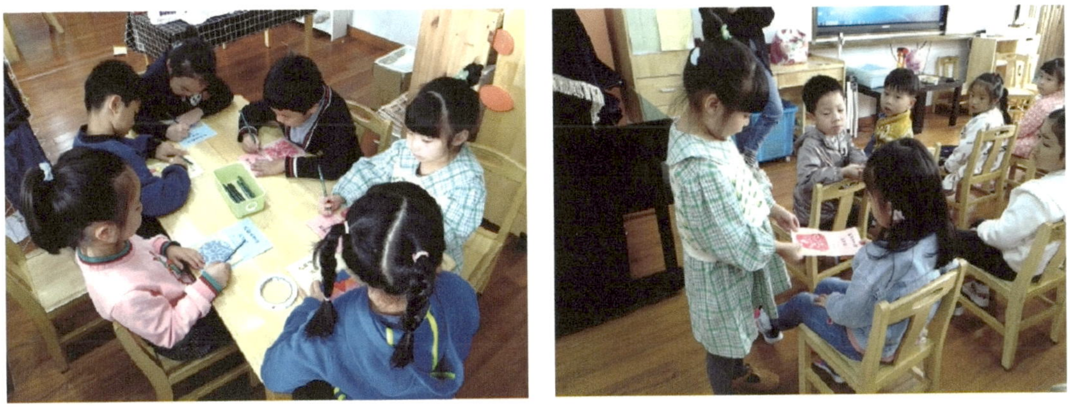

制作邀请函

进行讲解

2. 小小讲解员

大班幼儿吃完午饭早早来到了展览馆，在欣赏一件件作品和展板的同时，也提出了许多关于扎染的问题。面对这些问题，宸宸小朋友主动回答，为大家进行了热情的解说。

回到教室后，大家分享了接待大班幼儿参观的经历，大家发现宸宸很热情，会主动介绍扎染展览，于是决定请宸宸当讲解员。祺祺也想当讲解员，其他幼儿也激动地表示自己也想来讲解。轩轩想了个好办法，大家轮流来当讲解员，每次两人为参观的客人讲解。

扎染展览馆源于幼儿的生活，在大人们的帮助下，幼儿动手动脑、亲身体验，感受扎染带来的乐趣。在活动过程中，幼儿在解决了一个又一个小问题后，获得了自信和成就感，也得到了能力的发展。

三、经验分享

杜威普指出，兴趣是幼儿生长中的能力的信号和象征，重要的是发现这种能力。此次主题活动不但呈现了幼儿带着好奇、循着问题探索、体验扎染文化的过程，而且展现了教师“发现这种能力”的过程。一方面，教师能很好地结合《3—6岁儿童学习与发展指南》对幼儿的兴趣及相伴的探索行为进行解读，敏锐且准确地抓住教育契机。比如，当幼儿对扎染充满好奇，产生创作的想法时，教师建议幼儿将自己想到的扎染工具收集起来，做一次有趣的扎染调查活动。另一方面，教师可以根据幼儿的探索进程和需要提供适宜的支持。比如，把幼儿探索过程呈现在环境当中，发挥展览馆的作用，引导不同年龄段的幼儿与环境进行互动，使其经验得到增长。

遇见京剧

阙怡秦　李　婷

一、活动缘起

京剧是中华民族在五千多年文明发展中孕育的优秀传统文化，是中华民族独特的精神标志。京剧脸谱，呈现出一种具有中国文化特色的特殊化妆方法。每一个历史人物或某一种类型的人物都有一种大概的谱式，就像唱歌、奏乐都要按照乐谱一样，所以被称为“脸谱”。

幼儿到三楼成长廊参观了扎染展览馆，并在参观的过程中展开了热烈的讨论。

“哇，这个扎染博物馆也太漂亮了吧，快来看，这个衣服五颜六色的，真漂亮。”

“看到啦，看到啦，这边还有好看的包包跟帽子呢，真是太棒了。”

“你听到那个讲解员说的没有，这些都是他们自己做的，好厉害啊！”

“老师，我们能不能也跟他们一样做一次展览呢？”

参观扎染展览馆

睿睿提出这个想法后，其他幼儿也七嘴八舌地开始讨论起来。“大一班的展览馆里要展览些什么呢？”带着这个问题，幼儿回到班级进行了讨论，最终决定周末先和家人一起去看一看博物馆里展览的物品，再决定大一班的展览馆主题。

教师的思考：大二班创设的扎染展览馆激发了大一班幼儿的兴趣，他们也想创设一个展览馆。基于幼儿的兴趣，教师要进行适时的引导，培养幼儿的主动性和积极性。

二、活动开展

在家长们的带领下，幼儿参观了苏州博物馆、苏州御窑金砖博物馆、苏州丝绸博物馆等，认真完成了“博物馆游览记”的记录表，并在班级里进行了分享。

钰钰：我在御窑金砖博物馆看到了很多砖头。

涵涵：我去的是别的博物馆，我在博物馆里看到了陶瓷、绘画作品、扇子，还有唱戏的凤冠、戏袍，特别好看，你们看，我还拍了照片呢。

雯雯：我也看到了！妈妈告诉我那个是唱京剧的时候要穿的，特别好看。

涵涵：对，对，还有很多脸谱呢。

雯雯：真好看，那我们要不要办一个京剧展览馆？

参观各类博物馆

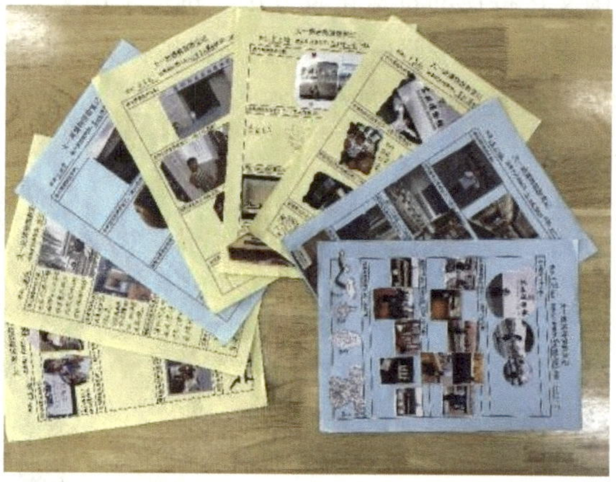

“博物馆游览记”的记录表

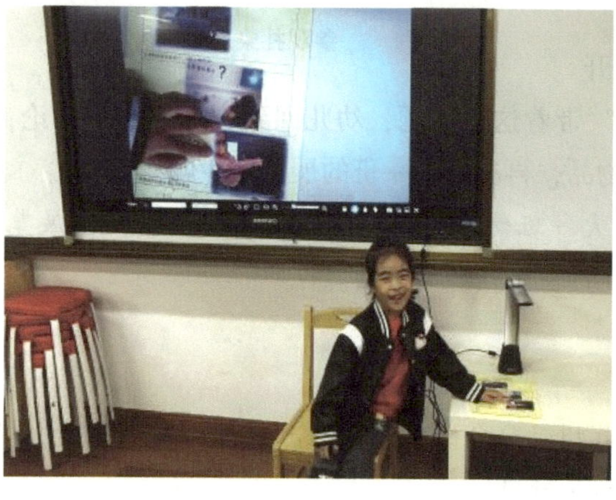

讲述自己的参观记录表

最终通过投票，大一班的展览主题确定为“京剧”。

为帮助幼儿得到更多关于京剧的有益经验，教师组织家长和幼儿一起通过书籍、网络等途径查阅资料，加深对京剧的认识。

教师的思考：家长的积极态度是促进幼儿更好地探索京剧的动力，能很好地保护幼儿的学习积极性。在共同探索的过程中，幼儿丰富了知识经验，家长也加深了对课程的了解，实现了家园共育。

（一）京剧相关物品大收集

《3—6岁儿童学习与发展指南》指出，支持幼儿收集喜欢的物品，并和他们一起欣赏。在之前的参观过程中，幼儿发现展览的不仅有收集的物品，还有制作作品，京剧展览馆当然也需要这样的展示。

“大家家里有跟京剧有关的物品吗？”

“头饰、服装、扇子……只要跟京剧有关的都可以哦。”

“有的话可以放在展览馆进行分享哦。”

在家园合作下，幼儿带来了京剧的服装、凤冠、折扇、手帕，还有脸谱、京剧玩偶等。通过分享，幼儿对京剧元素也有了初步的感知。

收集到的京剧相关物品

（二）了解京剧的历史

幼儿七嘴八舌地讨论了起来：

“是什么时候开始有京剧的？”

“京剧是在北京形成的戏曲剧种之一，至今已有200多年的历史了。”

“京剧一开始就是这样唱的吗？”

“它是在徽戏和汉戏的基础上，吸收了昆曲、秦腔等一些戏曲剧的优点和特长逐渐演变形成的，以其优美动听的唱腔和卓越的表演受到观众的欢迎。”

“我还知道京剧被视为中国国粹，位列中国戏曲第一。京剧遍行世界各地，是介绍、传播中国传统艺术文化的重要媒介。”

（三）了解脸谱的含义

在对京剧有了一定的了解后，师幼通过PPT，一起了解了不同京剧脸谱的含义：白脸代表奸诈，红脸代表武勇，黑脸代表公正廉明，蓝脸代表勇敢有谋……幼儿通过观察发现了脸谱具有对称的特点。

了解脸谱的含义

（四）绘制脸谱

在了解了脸谱的含义后，幼儿纷纷动手尝试设计脸谱，不一会儿，一个个色彩生动的脸谱呈现在眼前。

幼儿绘制的脸谱展示

这时，睿睿说："这些脸谱都不能戴在脸上，要是能戴着表演一下就好了。"其他幼儿也说："是啊，是啊，我也想戴在脸上。"老师问："那什么材料制作的脸谱才能戴在脸上呢?"珈珈说："我知道，面具可以戴在脸上。""那一起去找找材料吧。"幼儿在材料库里找到了一些空白的面具，并把面具放在了美工区，一有空，他们就会去美工区绘制脸谱。

刚开始幼儿发现直接在面具上进行绘画是比较困难的，比如轩轩发现颜料如果不蘸水的话涂上去会很不均匀，可是如果蘸水太多颜色又太淡了；宸宸在用毛笔画的时候画错了，不知道要怎么修改；彤彤想要用细的毛笔来画眼睛；等等。于是，师幼展开了讨论，决定进一步寻找适合绘制脸谱面具的工具和材料。

寻找材料并绘制脸谱面具

在幼儿能够熟练绘制脸谱面具后，新的话题又产生了："老师，我想画一些特别的脸谱。""特别的脸谱？特别在哪里呢?""老师，我想在螃蟹壳上画脸谱，大家来参观的时候肯定会觉得很惊喜，可以吗?"幼儿又开始了螃蟹壳脸谱的绘制，之后还在硬纸板上制作了各种不同的脸谱。

在螃蟹壳上绘制脸谱

在硬纸板上绘制脸谱

脸谱作品展示

教师的思考：《3—6岁儿童学习与发展指南》建议，支持和鼓励幼儿在探究过程中积极动手动脑寻找答案或解决问题。在绘制脸谱的过程中，幼儿发现了一些问题，教师没有直接告诉他们答案，而是让幼儿自己去寻找、去讨论、去尝试，让他们自己尝试绘制各种脸谱。

（五）制作手帕

“手帕是什么样子的？”

“手帕是正方形的。”

“怎么把这些布变成正方形的呢？”

“可以用尺子量一量。”

在幼儿的讨论中，教师提出了问题：“那怎么做能更快一些呢？”幼儿说：“可以合作呀。”经过共同协商，幼儿进行了分工合作，科学区的幼儿负责测量正方形并做好标记，生活区的幼儿负责剪裁手帕，美工区的幼儿负责装饰手帕，制作活动有条不紊地开展着。

在科学区测量

在生活区裁剪

在美工区装饰

教师的思考：《3—6岁儿童学习与发展指南》指出，“幼儿园应为幼儿提供需要大家齐心协力才能完成的活动，让幼儿在具体活动中体会合作的重要性，学习分工合作”，提高幼儿的合作能力。手帕制作让幼儿学会了与同伴协商、分工合作完成任务。

（六）制作兵器、兵器架

“我记得京剧人物里还有拿兵器的呢。”

“对，项羽拿的是霸王枪，还有很多不同的兵器呢。”

“那我们做一些吧。”

“好啊，兵器好像是放在木架子上的，老师，我们要不要去木工坊做一个放兵器的架子？”

“好主意。”

博博、淳淳召集了木工坊的几个幼儿开始讨论兵器架的制作，最后他们带着设计图在木工坊完成了制作。

制作并展示兵器

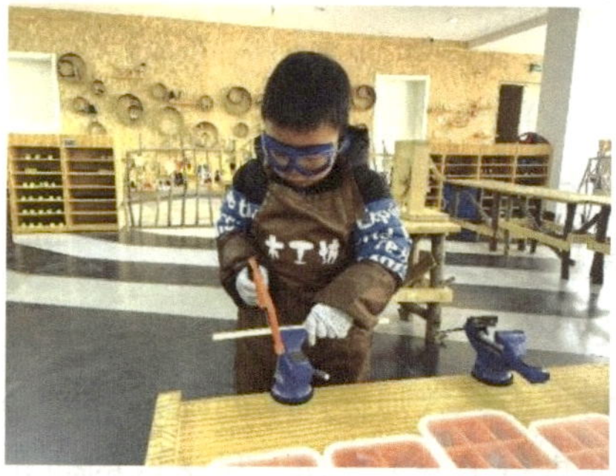

制作兵器架

脸谱走秀

（七）展示与布展

1. 脸谱走秀

“之前画的脸谱都能戴在脸上了，我们一起来展示一下吧。” “好啊，好啊，我会京剧人物的手势。”“我会走台步。”“蓝脸的窦尔墩盗御马，红脸的关公战长沙，黄脸的典韦，白脸的曹操，黑脸的张飞……”幼儿用自己创作的脸谱，装扮成京剧人物，开始了走秀表演。

2. 布置展览馆

随着制作的作品越来越多，幼儿已经迫不及待地想要去布展了。

“我觉得凤冠最漂亮，可以放在一开始进来的地方。”

“这些脸谱可以被固定在墙上，等会儿我用钉子跟羊角锤固定就行。”

“你看，这边还有他们之前用的线，我们可以把作品打个洞直接挂上去。”

幼儿一边讨论一边调整展品的摆放位置。最后在师幼的共同努力下，京剧展览馆终于布置完成了。

布置展览馆

教师的思考：《3—6岁儿童学习与发展指南》建议“展示幼儿的作品，鼓励幼儿用自己的作品和艺术品布置环境”。展览馆环境的布置，是以幼儿为主体的，幼儿按照自己的想法将作品布置在相关区域。在这一过程中，幼儿学会了思考作品摆放的位置及合理性，并且获得了自豪感与成就感。

3. 邀请函的制作与赠送

“京剧展览馆已经布置好啦，大家想要邀请谁来参观呢？”老师刚说完，幼儿就开始争先恐后地回答：“爸爸妈妈。”“我在隔壁班的好朋友……”“金老师。”“我们做一些邀请函去邀请他们吧。”于是，幼儿制作了有京剧元素的邀请函，并把他们送给了各个班级的小朋友、老师，邀请他们来参观京剧展览馆。

制作并分发邀请函

4. 小小讲解员

“明天其他班的小朋友就要来参观了，那谁来做讲解员呢？”涵涵问道。老师问：“你想做讲解员吗？”涵涵回答：“嗯，我想的。”小杰说：“我也想做讲解员。”浩博说：“我也想给大家介绍京剧展览馆。”那到底由谁来做讲解员呢？幼儿采取了自主报名的方式，报名的幼儿在其他幼儿面前讲述一个故事，最后大家一起投票选出四个讲解员，两两配合轮流上岗。

幼儿讲解

三、经验分享

京剧是非常有特色的艺术形式之一，京剧展览馆的布展就是将民族艺术与幼儿兴趣有效结合的结果。但这不仅是结果，还是资源，能帮助幼儿同时树立两种重要的意识：珍爱民族文化与有博物观念。在这个过程中，幼儿获得了成就感，能力也得到了一定的发展。教师应继续支持幼儿的探索，呵护幼儿的求知热情。